停止吼叫，
教育孩子请别任性

天津出版传媒集团

天津人民出版社

图书在版编目（CIP）数据

停止吼叫，教育孩子请别任性 / 文静编著 . —天津：
天津人民出版社，2017.5

ISBN 978-7-201-11287-9

Ⅰ . ①停… Ⅱ . ①文… Ⅲ . ①家庭教育 Ⅳ . ① G78

中国版本图书馆 CIP 数据核字（2017）第 010614 号

停止吼叫，教育孩子请别任性
TINGZHIHOUJIAO JIAOYUHAIZI QING BIERENXING

出　　版　天津人民出版社
出 版 人　黄　沛
地　　址　天津市和平区西康路35号康岳大厦
邮　　编　300051
邮购电话　（022）23332469
网　　址　http://www.tjrmcbs.com
电子信箱　tjrmcbs@126.com

责任编辑　刘子伯
装帧设计　一个人·设计

印　　刷　北京溢漾印刷有限公司
经　　销　新华书店
开　　本　710×1000毫米　1/16
印　　张　16
字　　数　232千字
版次印次　2017年5月第1版　2017年5月第1次印刷
定　　价　36.80元

前 言
PREFACE

老话讲：打是亲，骂是爱，不打不骂把娃害！这条传统教育中的"经典语录"，千百年来一直被父母们奉为"至理名言"，时至今日仍有很多家长把"打骂教育"当成教养孩子的法宝。这真是错得太离谱了！

打骂教育是中国传统专制家庭制度的余毒，会对孩子的身心造成严重伤害，不仅不会使孩子成才，而且还有可能酿成家庭悲剧。英国著名的哲学家和教育思想家约翰·洛克，早在300年前就提出："要尊重孩子，要精心爱护和培养孩子的荣誉感和自尊心！"他反对打骂孩子，并断言："打骂式的管教，其所养成的只会是'奴隶式'的孩子！"

打骂教育不是从孩子的需要与特点出发，而是一味从自我出发，不允许孩子有半点差错或异议，使孩子感受不到亲子之情，使孩子处于不安和焦虑之中，体力、智力发展都受到了不良影响。由于得不到应有的爱和支持，孩子往往会形成冷漠、孤僻、仇视、攻击性强、自信心差等心理问题，并且这些心灵创伤，往往会成为日后不良行为甚至犯罪的根源。打骂教育造成终生遗憾的事情时有发生，孩子不堪忍受轻生者有之，离家出走者有之，父母失手打伤孩子的亦有之。

打骂教育从表面上看，似乎是起到了控制孩子不良习惯和不良行为的作用，但是，不能从根本上解决问题。要知道，在孩子心目中最具信服力的家长，并不是那些动辄打骂者——你可以用拳头胁迫他们点头，但却永远无法使他们的心灵为之洞开。你打得越狠、骂得越难听，他们的心门也关得越严，越不信服你，越会反抗顶撞你。只有那些真正讲道理，肯包容的家长才会使孩子信任并且佩服，以己为傲，才会从心底里听从你的话，诚心地改正自己的错误，这才是教育。

在这本书里，我们最希望与您分享：如何去认识孩子的心理成长规律，如何以积极而科学的教养方式来回应孩子的各种表现。请相信，当我们更新了观念，以全新的视角去看待孩子，以不同的做法去回应孩子时，您的教养之路将会越来越轻松。

这本书通过理论和个案解读，让父母跳出自身固有的教育思维惯性，透过反观自己与孩子相处的模式，去清楚地认知自己与孩子的关系在于——爱，沟通、引导和教育，从而感受生命真爱的链接，正确激发孩子的潜能。

目 录
CONTENTS

第一章　孩子的问题，都是父母的问题

"孩子没有问题，如果孩子有问题，那一定是父母的问题"。父母是孩子的原件，孩子是父母的复印件。如果孩子朝着错误的方向生长，那么可以肯定，这是因为父母本身出现了错误。

第二章　父母脾气坏，孩子毁一生

当孩子面对恶狠狠的你时，他们学到了什么呢？学到了粗暴，学到了坏脾气，学会了指责，学会了狡辩，还学会了胆小和自卑。这就是父母对着孩子大发脾气的后果。希望父母们在对着孩子发脾气之前多想一想，你希望孩子的未来是什么样子？

第三章　心灵施暴，这是家长极易忽视的软暴力

不打孩子，是不是就等于让孩子免受暴力侵害？不是这样的。很多孩子自闭、自卑、消极，都与家长的心理暴力有关。心理暴力是一种软暴力，对孩子造成的影响是在精神和内心层面的，这种心灵的摧残以及情感的虐待，家长们一定要好好注意了，软暴力产生的心理影响深刻且严重。

第四章 家长精神专制，酿成"腐烂的脐带"

早在中国家长陶醉于"家长专制"的迷魂汤中不能自拔时，西方的哲人就已揭开了家长专制的画皮。康德称家长制为"可以想象的最大的专制主义"。父母"唯我独尊"的高压，会使孩子产生了唯唯诺诺的心理，这让他们以后如何创造性地解决问题、处理问题呢？

第五章 别压抑！让孩子把情绪发泄出来

孩子虽小，但也有自己的喜怒哀乐，当孩子有负面情绪的时候，家长应该让孩子有机会把这些负面情绪宣泄出来。否则，孩子长期受到压抑，情绪得不到宣泄，就有可能导致身体和心理上的障碍。对待孩子的负面情绪，我们除了接纳、共情以外，更要积极地想一些方法来引导孩子正确宣泄。

第六章　父母蹲下去，孩子站起来

尽管家长们在孩子成长过程中倾注了很多心血，但事实上，更多的家长并不注重与孩子的沟通与交流，不给孩子平等相处的机会。孩子失去尊重，只好将委屈和不满埋在心底，并由此产生与父母对抗的心理。父母应该经常蹲下去，与孩子面对面，平等地互相交流与沟通。

第七章　引导而非逼迫，孩子才能爱上学习

很多家长往往是只知道要孩子去学习，却不知道如何教孩子学习。显而易见，这并不能真正起到关心孩子学习的作用。成功家长的经验是：不要眼睛只盯着孩子的分数、名次，而要"授之以渔"，在教会孩子学习上下功夫。只有这样，孩子才能愿意学习，学得进去，学得轻松。

第八章　调教而非控制，淘气孩子也能成才

世上从没有完人，要求孩子绝对听话也不现实。俗话说"淘丫头巧，淘小子好"。很多情况下，"淘气"正是孩子聪明、富于想象力和创造性的表现。因此，我们应该保护孩子的"淘气"，赏识孩子的"淘气"，甚至和孩子一起淘气，让孩子在淘气中学习，在淘气中进步。

第九章　期望值适当，别把孩子压成侏儒

家长对孩子常有两种极端心理，都是非常有害的：一是忽视；二是希望太切。忽视则任其像茅草一样自生自灭；期望太切不免揠苗助长，反而促其天折。所以父母对孩子的期望值既不能过高，也不能太低。期望值太高会使孩子觉得根本无望实现而放

弃努力。若期望值太低，则不利于挖掘其潜能，有碍于孩子良好个性的形成。

第十章　放手去爱，别让包揽扼杀孩子的生存能力

父母包揽本应由孩子自己做的一切，把自己的付出作为孩子成长的一部分，而不是为孩子自身的成长创造条件。结果是，扼杀了孩子作为权利主体的自我意识和独立意识。父母需要认识到，在孩子人生的舞台上，他们才是主角。为了孩子独立地精彩展示，父母要退到幕后。

第一章

孩子的问题，都是父母的问题

"孩子没有问题，如果孩子有问题，那一定是父母的问题"。父母是孩子的原件，孩子是父母的复印件。如果孩子朝着错误的方向生长，那么可以肯定，这是因为父母本身出现了错误。

糟糕的家庭最毁孩子

孩子的健康成长，尤其是孩子健康心灵的形成，往往取决于孩子是否有一个良好的家庭环境，取决于父母的教育方式是否合理。

这是一个真实的、关于死囚犯的故事。他叫梁小丹，出生在辽宁丹东，很小很小的时候，他的父母就离婚了，而他人生的悲剧也就此开始。

他被判给了父亲，跟着父亲及爷爷奶奶一起生活。他父亲的性格乖张暴戾，从不允许母亲来看望他。在他童年的记忆中，母亲只来过一次，那是他8岁的时候，母亲偷偷到校门口塞给他两个梨，那两个梨就是他童年中对母亲的所有记忆。而就因为这两个梨，他被父亲暴打了一顿，甚至打断了一根皮带，从此以后，母亲再也没敢来看他。

他就在父亲的皮带下慢慢长大了。疏于管教的他染上了不良习气。在这时，他的父亲、爷爷奶奶在同一年去世了，他人性善良的一面被亲人的离世唤醒了，他找了份工作，而且非常努力。有一次他捡到了装有一万元钱的钱包都毫不犹豫地还给了失主。

可在这时他却得了肝炎，并被单位辞退了。万念俱灰、生活无着落的他选择了抢劫，在实施抢劫时，他杀害了一名年仅19岁的大学生，被判了极刑。在监狱里，他认罪伏法，但想见见16年未曾谋面的妈妈。于是一个死囚犯找妈妈的故事牵动着丹东数万人的心。

最后，他的妈妈带着无比的悔恨与自责出现了。

我们没有必要再去责备这位可怜的母亲，但是不是应该思考这样一个问题：如果梁小丹不是在这种家庭环境中长大，如果他的父亲不是用那样方式管教他，那么结局会不会大不一样呢？从这个真实的案例中，我们可以清楚地看到家庭环境对孩子成长的影响。从某种程度上说，孩子的命运、成长方向就取决于他的家庭环境。

家庭环境，这个概念主要包括家庭的经济条件和父母的文化程度、思想道德水平、行为方式、生活习惯，家庭气氛、教养方式等。其中，经济条件如果不是入不敷出，生活难以为继的话，对孩子教育的影响关系不大，而父母的文化程度、思想道德水平、行为方式、生活习惯、家庭气氛及教养方式等，则对孩子的影响非常重要。

在家庭气氛方面：一般和睦的、互相尊重、互相理解、在事业和生活上互相支持的家庭气氛，对孩子的性格有积极的影响；相反，父母间的争吵、猜疑甚至关系破裂（父母离异或父母病故），青少年犯罪率高。

在教养方式方面：父母比较民主，则孩子独立、大胆、机灵、善于与别人交往协作，有分析思考能力；父母过于严厉，经常打骂，孩子则顽固、冷酷无情、倔强或缺乏自信心及自尊心；父母过于溺爱，孩子就任性、缺乏独立性，情绪不稳定、骄傲；父母过于保护孩子，则孩子被动、依赖、沉默、缺乏社交能力；父母教养意见有分歧，孩子就警惕性高，两面讨好，易说谎，投机取巧；父母支配型教养孩子，孩子就顺从、依赖、缺乏独立性。

总之，家庭环境在孩子的成长过程中起着非常重要的作用，父母要想孩子健康成长，首先就要让孩子有个健康的成长环境，有个值得效仿的榜样。那么怎样才能做到这一点呢？

1. 夫妻相敬相爱

夫妻应该相敬互爱，而且要公开地让孩子们看到这种深厚感情。比如，父亲在生活中多照顾妻子，逢年过节向他们的母亲赠送礼物，出门时给她写信等。如果一个孩子了解他的父母是相亲相爱的话，父母就无需更多地向他解释什么是友爱和亲善了。父母的真实情感流入了孩子的心田，从而有益于他在将来的各种关系中发现真挚的感情。

2. 夫妇共同教育孩子

教育孩子是父母共同的责任，但在大多数情况下，在家务和养育孩子方面妻子要比丈夫付出得多，这样做是不好的，一个良好的家庭里，丈夫应该自觉地帮助妻子，这样不但会赢得孩子的尊敬，而且会使夫妻有更多的时间和精力抚养教育孩子，帮助妻子就是对孩子的爱。

3. 身教重于言传

父母需要主动地将基本的价值观和行为方式示范给孩子，以便于孩子在社会上成长。当然，身教胜于言传。当我们把垃圾放入垃圾箱里，孩子也会这样做；而如果我们随处乱丢的话，孩子也会乱丢杂物。如果我们待人接物彬彬有礼，助人为乐，处世豁达，我们的孩子也就有可能成为这样的人。孩子在潜移默化地模仿着我们，因此我们需要使自己成为好的榜样。

孩子从他的家庭环境中可以学到许多东西，家庭就是孩子的整个世界，因此，父母们要注意身教重于言传，给孩子创造好的环境，这样孩子的心灵才能健全。

孩子一直在看着你呢

孩子往往缺少辨别是非的能力，他们总是在无意识地模仿父母的行为，无论是好的还是坏的。因此，为人父母者一定要注意自己的一言一行，因为孩子正看着你呢。如果你希望孩子成为一个品德高尚的人，那就为他做出一个表率吧！

秋收的时候，一个心术不正的人，打算悄悄跑到别人家的田地中偷一些豆子。"如果我从每块田中偷一点儿，谁也不会察觉到。"他心想，"但是如果是这样的话，加起来数目可就非常可观了。"于是，一天晚上，他就带着6岁的儿子去偷豆子。

到了一块田里后，他压低声音说道："孩子，你得给爸爸站岗，如果有人来就赶快告诉我。"

然后这人就手脚麻利地开始偷豆子。不一会儿，就听到儿子喊道："爸爸，有人看到你了！"

这人一听，吓了一大跳，马上紧张地向四周看了看，但是一个人也没有看到，于是他把偷来的豆子放进袋子里，走进了第二块豆地。

没想到刚偷了一会儿，儿子又大声喊道："爸爸，有人看到你了！"

这人又一次停下手中的活，向四周望了一下，但还是什么人也没有看到。于是他又低头干起来。

"爸爸，有人看到你了！"儿子又叫了起来。

这人停止收割，向四下看去，可是仍然连一个人影都没有看到。他十分生气，责问儿子："你为什么总是说有人看到我了？你太调皮了，不帮忙还捣乱。"

"爸爸，"那孩子委屈地说，"我不是人吗？我看到你了呀！"

不要认为自己是自己，孩子是孩子，其实，孩子是父母的影子，在实施家庭教育的同时，家长要让孩子自信乐观，自己就要自信乐观，父母要让孩子诚实，自己就要诚实，如此才能真正做到以身作则。

家长们往往很难意识到自己才是孩子最重要的榜样。一项针对幼儿的心理调查显示，53%的孩子有自己模仿认同的对象，而其中78%的孩子以自己父母为认同的偶像。看到这里，不知各位家长心里有什么感受呢？请记住，如果你希望孩子具备为人称道的品质，那么就要先规范自己的言行，为孩子树立可资仿效的榜样。

父母是孩子最初的模仿对象，家庭是孩子的第一课堂，父母是孩子的第一任老师。孩子从父母那里学会的行为习惯和处世态度，对其一生的发展将产生极大的影响。父母的品质、人格，对孩子有潜移默化的影响作用，会影响孩子今后的成长。如果父母的行为榜样出现了偏差，孩子的思想行为就会出现偏差。而这种偏差将会使孩子养成坏习惯，从而也使他失去社会性人格的发展机会。

父母是孩子的第一任老师，一言一行都会成为孩子行为的参考和示范。因此家长们要规范自己的言行，不断提醒自己：孩子正看着我呢！

父母自私，孩子很自我

当孩子渐渐长大，不少父母发现孩子越发地自私起来，于是他们开始抱怨，抱怨孩子不懂得体谅父母，抱怨他们遇到问题只会埋怨父母，从不愿承担自己的错误和责任。可是爸爸妈妈们，我们在抱怨孩子自私的同时，可曾想过自己在日常生活中又是怎样做的？

雪儿，一个聪明漂亮的小女孩，可是却自私得要命，从来不肯与任何人分享她的东西。有一次，同桌在课间休息时拿她的 MP3 听了一会儿，她竟然怒不可遏地将同桌的课本扔了一地。

雪儿为什么会这样？其实，雪儿的自私行为完全可以从她妈妈的行为中找到根源。

雪儿的妈妈来自上海一个知识分子家庭，父母因为工作繁忙，很少去照顾她，尤其是雪儿的姥姥，为了自己的发展，几乎月月都要出差，雪儿妈妈一年也见不到自己的母亲几次。这一家人，可以说都是在各人顾各人。

因为从小就养成了只顾自己的行为习惯，雪儿妈妈结婚以后也没能改变。她和丈夫有着界限分明的空间，她的书房别人不可以随便进，她的东西别人不可以随便碰，因为那些都是她的，只属于她的；她经常在钱上跟丈夫斤斤计较，尽管他们的收入挺高，但雪儿妈妈经常因为丈夫给婆婆一点儿生活费而发脾气，事实上，即便是跟自己的亲生父母，雪儿妈妈也是如此计较。但是，雪儿妈妈在给自己买东西时却毫不吝啬，昂贵的化妆品、名牌时装说买就买。雪儿爸爸开始很不习惯妻子的做法，两人为此吵过很多次，最后，雪儿爸爸发现妻子的自私已然根深蒂固，也只好对她做出了妥协。

雪儿妈妈还把这种思想传递给了女儿。有几次，雪儿把自己的课外读物借给了小伙伴们，结果雪儿妈妈每每知道以后都要训斥一番。雪儿妈妈认为，雪儿的同学都有爸爸妈妈，他们想看课外读物，应该让自己的父母买，而不应该借雪儿的，这是在占雪儿的便宜。在被妈妈骂了几次以后，雪儿也变得特别小气，她的东西谁也不借。

后来，雪儿越来越像妈妈了，她的房间别人不能轻易进，就算爸爸妈妈也要得到她的允许，而且她的东西一律不许别人碰，谁动了她就跟谁急，包括自己的爸爸妈妈。

在学校，雪儿很不受同学的欢迎，同学们都认为她既自私又小气，不愿和任何人分享。对于这种评价雪儿既伤心又困惑：伤心的是，她得不到别人轻易就能得到的友谊；困惑的是，妈妈就是这样做的，她不知道这样做错在了哪儿。

其实，没有哪一个孩子的天性是不好的。正如著名教育专家王东华先生所说："没有教不好的孩子，只有不会教的家长。"每一个孩子的身上，都有父母打下的烙印。很多时候，我们与其说是在教育孩子，不如说是在污染孩子纯真的心灵。当这种污染达到一定程度时，我们又反过来说孩子自私，说他们以自我为中心。面对不断成长的孩子，我们有必要扪心自问，孩子的自私有多少是我们亲自灌输给他的？其实教子做人，首先是要赋予他一颗仁爱之心。

科林·卢瑟·鲍威尔生于纽约，父母是牙买加移民。鲍威尔从小聪明好学，意志坚强，并且乐于帮助别人。他当过里根总统的国家安全顾问，曾经被布什总统任命为参谋长联席会议主席，成为美国历史上第一位担任该职的黑人，也是最年轻的参谋长联席会议主席。2001年1月，他出任小布什政府的国务卿，成为美国历史上第一位担任该职的黑人。

鲍威尔上初中的时候，就开始关注研究街头流浪者无家可归的问题。

有一次，在从学校回家的路上，他遇到一个流浪汉。鲍威尔就停下来问那个流浪汉需要什么东西。

"我需要一个家、一份工作。"无家可归的人感叹道。小鲍威尔为难了：自己还是个小孩子，怎么才能帮他呢？家和工作自己都不能给他呀。于是，小鲍威尔接着问："你还要什么其他的东西吗？"

无家可归的人很无奈地笑了一下，带着满脸的憧憬说："我真想能够吃一顿饱饭呀。"

鲍威尔很想立刻答应他，可是心里面还是有点担心，父母是否会同意自己的做法。鲍威尔对流浪汉说："你可以等我一下吗？我回去征求一下家人的意见，你一定要等着我！"男孩飞跑回家了。

鲍威尔回到家，把事情告诉了爸爸，希望得到他的支持，父亲听罢孩子的所说，欣慰地笑了，"好孩子，这是一件非常好的事情，爸爸绝对支持你。孩子，你要记住，我们每一个人都应该关心他人。仁爱是人类最光辉灿烂的品格。"

鲍威尔高兴地点点头，并把父亲的这句话深深地印在了脑海中。

接下来的三天里，鲍威尔在爸爸妈妈和两个姐姐的帮助下，做计划，采购，做了一百多份的饭，送到他们家附近的一个流浪者的收容所。

在以后的一年时间里，几乎每个周五的晚上，鲍威尔全家都要给收容所送饭。后来，鲍威尔的活动得到了全班同学还有他们的社区的理解和支持，活动不断地扩大了。

鲍威尔在一篇文章中这样写道：我们每个人都应该关心他人，仁爱是人类最光辉灿烂的品格……这是父亲对我说的话语，它影响了我的一生！

自私自利是爱心的大敌。但它根源于父母的私爱和溺爱。大海靠一滴滴水汇集而成，爱的殿堂靠一沙一石来构建。自小给予孩子同情心和怜悯心的情感，是在他身上培植善良之心。比如，公共汽车上，父母对孩子说："你看，那个阿姨抱着小弟弟多累呀，我们让他们坐到这里来吧。"邻居阿婆年老生病，父母带着孩子去探望问候，帮阿婆做事……经常让孩子看到大人是怎么同情、关心、帮助人的，对于培养孩子的善良品质是最好不过的了。

随着孩子的长大，还要逐步扩大教育内容，教育孩子热爱故乡，热爱祖国、热爱科学、热爱劳动、热爱事业、热爱人生……

一点一滴的培养，一言一行的引导，仁慈博大的爱心、人道主义的道德就会在孩子心头扎下根，就会随着孩子的成长而不断扩展和升腾。

著名教育家苏霍姆林斯基说过："爱的教育应是整个教育的主旋律。"希望父母从自己做起，从小事做起，培养孩子的爱心，让爱在孩子的心中生根发芽，让爱充满这个美丽的世界。

那么如何培养孩子的爱心呢？

要落实在平时的点滴行动中。引导孩子观察他人的表情，理解别人苦恼悲伤的缘由，努力想出办法来减轻别人的痛苦、烦恼，使大家快乐。

培养爱心，最需要的是情感的熏陶和榜样的示范。读一些报刊上青少年为父母分忧、立志再艰苦也要完成学习的真人真事，特别要以父母本人爱国敬业、关怀长辈和他人的行为去感染子女，让孩子汲取丰富的精神营养。让孩子从小懂得向别人奉献爱心、付出关心可以带来欢欣和快慰。

父母冷漠，孩子会冷酷

曾看到这样一件事：

大街上躺着一位老人，很多人围观，原来老人心脏病犯了，老人用渴求的眼神向众人求救，可是由于之前搀扶事件的发生，围观的人都不敢拨打电话，怕讹上自己。可就在这时候，老人突然抓住一个小伙子的脚，紧紧地不放，吓得那小伙子嗷嗷乱叫，还骂老头别沾惹自己、老不死。也许有人看不下去，拨打了120急救电话，等120急救车赶来老人已经不省人事，而那个小伙子盯着老人看了两眼，突然放声大哭："这是我老岳父啊，你们可要救救他呀！"

救护车疾驰而去，留给人们的是无尽的唏嘘。其实人情冷漠这个词由来已久，否则我们不会看到"各人自扫门前雪，莫管他人瓦上霜"、"事不关己，高高挂起"、"多一事不如少一事"等一系列语言的传播。只是近些年来，这种思想在逐渐被扩大化，尤其是"小悦悦事件"，更是让国人的冷漠在世界范围内声名远播。从茹毛饮血的猿人在洞穴里互相依偎抵御严寒，到如今的老人摔倒无人扶、货车侧翻遭哄抢、城市邻里的老死不相往来，似乎每个人都成了孤家寡人，人情的淡漠让人感到可怕，感到孤独。

在外与人交往是这样，有时在家庭里也是这样。夫妻对方有人病了，不知道去细心体贴；爸妈病了，由于工作忙或其他的原因，没有及时去问寒问暖、体贴照顾老人。大人的这种冷漠的情感，常常忽视了孩子的存在，父母的言传身教无形地影响着孩子冷漠性格情感的形成。

曾经看到过这样一则报道：《一个'小号兵'的死》。

报道说的是一位吹小号的学生在与同学一块玩沙子的时候，不小心跌到沙坑中，其他同学就朝他身上撒沙子，以此取乐，直到将他全身都撒满了沙，只露出两只眼睛。几个同学乐呵呵地走了，大家都没有顾及"小号兵"的安危。直到"小号兵"的家长到学校找人，又找到这些孩子时，才得知"小号兵"还在沙堆中。等老师、家长赶到沙坑时，"小号兵"已经窒息而亡了。

这些同伴只顾自己玩得开心，不管他人的安危与苦痛，冷漠心态造成了"小号兵"的悲剧。

"小号兵"在沙堆中挣扎，同伴们嬉笑玩乐，漠然置之。多么令人担心的情感饥荒啊。也许有人觉得事实没有那么严重，这只是特例而已。然而，现实的生活中有很多的孩子却真的不具有这样的同情心：看到街上乞讨的可怜老人，好像根本没有看到一样，有的甚至躲得远远的；同学趴在桌子上，想不到他（她）可能生病了，可能需要帮助；妈妈下岗了，孩子无动于衷，好像与自己无关。爷爷、奶奶病了，却还只顾着自己的玩乐，满屋疯跑打搅老人的休息，爸妈辛苦一天下班累了，孩子还围着要这要那，只顾着自己的心情，不去考虑大人的辛苦。

一个孩子要是在这种冷漠的情感中成长，难道我们做父母的不感觉到可怕吗？

关心和被关心是人类的基本需要。在人生的每一个阶段，我们随时需要被理解，被接受，被认同，但是现在的孩子们，缺乏兄弟姐妹在一起玩乐的友爱，所以大都养成了很"独"的性格。这样的孩子，在青春期如果依然独来独往，没有可以在一起分享快乐、分担烦恼的同学和伙伴，成年后，他的心理就有可能出现问题。

有一位女数学家，曾在科研领域上做出过卓越的贡献。尽管她在事业上出类拔萃，然而她却是一个情绪障碍症患者。她性格孤僻内向，成天关在小房间里看书学习，演算公式，攻克难题，几乎没有任何人际交往。她为人沉默寡言，给人一种"古怪"的印象。40岁时她才在家人的催促下结了婚。结婚时，她不知道该如何操办婚礼，婚后不知道上哪里去购买生活用品。由于过分内向离群，对外界反应不敏感，社会适应力很差。女数学家所表现出来的情绪障碍症状，心理学上称之为淡漠症。

淡漠症患者往往表情淡漠，缺乏强烈或生动的情绪体验。他们对人冷淡，甚至对亲人也是如此，缺少对他人的温暖与体贴。他们几乎总是单独活动，主动与人交往仅限于生活或工作中必需的接触，除一般亲属外无亲密朋友或知己，很难与别人建立起深切的情感联系。

所以，家长们，及时醒悟吧，别让你对生活的冷漠，砍伤孩子火热的心灵。

别让你的脏话污染了孩子

家长都有与孩子生气的时候，这是再平常不过的事情。然而有的家长却不懂得控制自己的情绪，劈头盖脸地对孩子一通臭骂，污言秽语层出不穷。也许他们以为这样解了气，却没有发现因为脏话，让自己丢了身份，更让孩子对你无比鄙视。

这天，微微的爸爸去幼儿园接她回家。刚走进幼儿园，他就看见微微正站在一群小朋友的中间，并指着一个小朋友，厉声说道："你怎么这么笨！连这么简单的动作都不会，真不知道你妈妈是怎么把你养大的！"

那孩子听完之后，竟然号啕大哭起来。不过，微微并没有停下自己的行为，继续骂道："哭什么哭！没种的东西，有本事你和我打一架！"

看到孩子这个样子，爸爸不由来了脾气，走过去骂道："小丫头，谁他妈的教会你说脏话了！你看我不打断你的腿！"

谁知，微微并没有后退，反而走上前，更加大声地说："爸爸不讲道理！凭什么你能说，我就不能说！你什么样我就什么样，我不喜欢爸爸，爸爸是个废物！"

微微的话让爸爸愣住了。他没有想到，自己在孩子的心里是这个样子；他更没有想到，孩子居然对自己有这么大的敌意！

微微的这个样子，一定会让爸爸伤心无比，毕竟这是她的亲人，不是她的敌人。可是，孩子为什么会变成这个样子？爸爸还是要从自己的身上找问题。

当孩子出现说脏话的情况时，如果家长没有及时地制止和教育，这些脏话就可能在孩子的意识里生根。因为孩子对一切事物都有着强烈的好奇心，他们可以通过语言和别人进行交往，以此来满足自己的需要或者获取别人对自己的注意。当孩子接触脏话时，他感到新奇，尤其是说过以后，或许大人感到惊讶，或许大人哈哈一笑。因此，孩子可能会认为说脏话是引起大人注意或赞赏的一个原因，所以对于不辨好坏的孩子更乐意重复脏话以获得大人注意和赞赏。

现在有不少家长在教育孩子时，总是不能平静内心的波动，采取打骂的方式来对待孩子，出口成"脏"，严重地污染了家庭的语言环境。但家长却以为，自己的这种态度，恰恰能体现自己的地位与权威，于是乐此不疲，各种不雅的词汇成了口头禅。然而这样的家长，又特别喜欢对孩子强调"文明、礼貌"。心口不一、不能以身作则，这样的家长能够教育好自己的孩子吗？

更重要的是，听着爸爸妈妈对"文明、礼貌"的强调，却又要承受一系列不堪入耳的脏话，孩子心里一定会这么想："难道这就是我的爸爸（妈妈）？他真是两面派！"无形之中，孩子就会对父母的教育产生抵触，看不起父母。在他们的眼中，父母毫无威信可言，接受父母的教育也成了无稽之谈。

如果家长的这种行为不改变，那么孩子也会学会家长说脏话的习惯，以此来对抗家长的教育。正因为如此，有的家长才会发现，孩子在与自己交谈时，总会不时蹦出一个脏字，同时也表现出了不服、轻蔑之意。孩子会这样对自己说："凭什么我不能说脏话？他有这个权利，我为什么不能有？他们怎么对我，我就怎么对他们！"

不注意自己的形象，习惯了脏话连篇，这导致了家长与孩子之间出现隔阂，更让孩子学会了坏习惯，这是件多么可怕的事情！马克思曾经说过："你可以用各种行之有效的方法去影响孩子，可最好的方式还是你的行动。"所以，想要与孩子重新找回温暖，家长一定要注意自己的言行，改掉说脏话的习惯，让孩子去做什么的时候，自己首先要做到；让孩子不能做的事情，自己也一定不要去做。这样，孩子才能感到你是个伟大的家长，值得信赖的家长！

家长不说脏话，这是维护自身形象的根本。否则，孩子就会看不起父母的所作所为，更不愿意接受他们的教育。因此，在家庭生活中，家长就必须注意自己的言行。

1. 改掉自己的坏习惯：有些家长的坏习惯并非短期养成，在孩子出生之前早已有之。也许这种习惯很难改正，但是为了孩子的健康成长，就要下决心改掉自己身上的那些坏习惯，以防"遗传"给自己的下一代，更让自己丢了面子。如果家长感到强行戒除的确有困难，那么不妨求助于相关专家。例如，你有骂人的习惯，那么可以报名参加礼仪培训班，在文明的环境中扭转自己的行为；如果有晚上睡不着、彻夜玩闹的习惯，那么可以寻求医生的建议，在药物治疗与心理治疗的帮助下，改变自己的生活习惯。

2. 告诉孩子说脏话不对：当孩子说脏话时，首先，家长应当坚决地告诉孩子：大多数人都不喜欢听到那些脏话，我也不希望你们说那样的话。家长应该要求他不准在可能引起别人反感的时候骂人，也不准因为说脏话而给自己惹麻烦。如果孩子受自己的影响，已经养成了说脏话的毛病，那么家长就应当告诉她："这句话是骂人的话，不好听，宝宝不学。"把不文明的行为消灭在萌芽状态中。家长可以多带着孩子参加群体活动，让她明白脏话的不好。

3. 郑重地向孩子道歉：家长的脏话，有时候属于口误或不由自主，例如在教育孩子时，突然有些急躁才脱口而出。这个时候，家长不要转移话题，更不要想方设法地掩盖，而是应当诚恳地说声："对不起。"然后，可以解释刚才的行为，并对自己的做法感到懊悔。这样，孩子既能明白说脏话不好的道理，又能感受到父母的真诚，对父母的好感自然能大大提升。

孩子爱撒谎，多半怪父母

对孩子说谎，父母一般都感到非常愤怒，认为说谎是一种不容宽恕的毛病。可是很多父母都不知道说谎的根源往往在父母身上。要孩子不说谎，父母应该从自己做起。

在电影或电视中我们时常看到这样一种镜头，即孩子对母亲或父亲说："你撒谎，你说谎，我不相信你！"当孩子发现父母数次说谎，而失望地发出这种歇斯底里的喊声，确实是一种悲剧。孩子认为父母会撒谎，当然就再也不会听信父母——即使父母这次没有撒谎，父母说的是真实的大实话。

孩子发现父母说谎后之所以感到如此失望和愤恨，是因为做父母的总是教育自己的孩子不要说谎。说谎是一种不道德或不好的行为。不少孩子曾为说谎挨过父母的骂，甚至挨打。既然父母要求和教育孩子不要说谎，那么他们自己又为什么要说谎呢？这是因为有时孩子经常缠住父母要这要那，吵闹不休。父母为了安抚孩子，不得已只得用谎话来哄骗他，以换取一时的安静。

日本有一本关于儿童教育的书里曾举了一个很生动的例子：作者在一次长途客车上看见一个5岁的孩子吵嚷着："我的香蕉！"

孩子的母亲怕打扰了周围的乘客，就说："香蕉没有了呀！"

她原想这样可以把孩子哄住，哪知孩子早看到了行李架上的香蕉，坚持嚷道："有！有！"

母亲没有办法只得起身在行李架上摘了一只说：

"吵死了！给你一根，再不准吵了！"在我们的日常生活中，常有这种时候——孩子无理的要求使父母无法招架，为了暂时安抚孩子，就说："没有那种东西了。"或说："你要的没有了！"孩子有时虽然暂时安静了，哄住了，不吵了，但是后果却是危险的。那就是一旦孩子发现父母说的是假的，父母在说谎，父母在孩子的心目中就会失去权威，孩子就会愈来愈不听话，甚至变本加厉地说谎。

所以，为了正确地教育孩子，当孩子提出他的要求时，父母如果认为孩子的要求不当，应该据理说服，提出孩子要求的不当之处。比如告诉他，车上这么多乘客，在行李架上取香蕉很不方便，会打扰别人。或者讲清，刚刚才吃过点心和香蕉，现在又吃，会对肠胃不好，待会儿回到家里再吃。这样说清道理，孩子可能也就不会再吵着要香蕉了。

反之，如果你不说清道理，孩子不懂得自己的要求是错误的，就只知道吵着要，而且认为只要吵，父母就会答应，以后就容易胡闹。

同时，父母如果以哄骗或说谎来拒绝、搪塞孩子的要求，反而会使孩子和父母永远无法沟通。一般来说，父母往往不愿在他人面前纠正孩子的行动，只想安抚一下，哄住孩子了事。这是不对的。为了不让孩子养成不良的习惯，无论是否有外人在场，无论在什么场合都应该纠正孩子的无理要求。

当然，要孩子明了事理确非易事，有时是需要满足孩子的要求的。就以上面所举的吃香蕉为例，父母就只能说，在客车上取香蕉不方便，待会儿到了家我们再吃。

这样，孩子既可以知道父母为什么不接受自己的要求，同时也可以学会控制自己以及与他人和睦相处的方法。

与说谎相近的是父母对孩子做出虚假的承诺，开"空头支票"。开"空头支票"也常是父母在非常情况下用来哄骗孩子的一种手法。

父母被迫说谎是因为父母无法摆脱孩子的无理要求和吵闹；那么父母开空头支票，则常是由于父母对孩子的合理要求无法满足，被迫采用哄骗的手段。我们日常生活中常见的，如父母要孩子做功课，孩子顽皮，不愿做功课。母亲想起儿子曾几次吵着要去动物园，便说："你好好学习，好好做功课，礼拜天我带你到动物园去看动物。"孩子认真做了功课，可是到礼拜天母亲又不带他去动物园了。

类似的例子有："你听话，妈明天给你买玩具。"儿子听话了，第二天母亲变卦了，不给他买新玩具。这样，父母虽然用空头支票哄住了孩子，孩子满足了父母的要求，但是当诺言应兑现时，父母又失言，不履行，这样先前一两次还可能哄住孩子听话，第三四次再做许诺，要孩子做什么事时，孩子不但可能不听，而且会说："我不听，我不信你的假话！"

总之，父母要做好孩子的榜样，孩子就会不自觉地效仿父母的言行，因此要求孩子不要做的事，父母首先就不能做。另外，父母对孩子从小就要讲信用，答应了的事，一定要兑现，不答应的事就一定不去做。这样父母在孩子的心目中就会有威信，在以后培养孩子的过程中，才能对孩子进行有效的教育。

好父母应该让孩子引以为荣

在一个家庭之中，如果说男孩的成长是从模仿父亲开始的话，那么，女孩最容易模仿的对象就是母亲。父母的人生观、价值观，待人接物的方式，举止风度，都将给孩子留下深刻的印象，当他们成年以后，父母的影响就会在他们身上开花结果。

赵小兰随同家人来到美国一年后，入乡随俗，也想举办一次自己的生日派对。她跟妈妈讲了这个愿望。妈妈表示完全赞成，并亲手做了奶油蛋糕，准备了生日蜡烛和晚会帽子，希望自己的女儿能同美国孩子一样，热热闹闹地做一次接受别人祝贺的小女主人公。

许多邀请请柬发出去了，她期盼着客人们的到来。不料，生日派对那天晚上，她望眼欲穿，但只有两个同学来了，赵小兰的心情跌到了谷底，眼泪都快掉下来了。

妈妈的心灵感应到了女儿的心灵，却不动声色，照样举办生日派对，照样切蛋糕，照样唱生日快乐歌。母爱并不是一个模式的，赵小兰的母亲爱女儿，用自己的言行，向没有成熟的孩子灌输了处变不惊、不卑不亢、自尊自重的生活方式。母亲让孩子爱惜自己，尊重自己，保持尊严。让孩子保持自己的价值观，知道要为更美好的事物奋斗。因此，面对其他人时，孩子不会示弱，要自重，言行得体，不做让自己感到难堪的事情。好的父母会让孩子清楚地懂得，我们来自一个有教养的家庭，要仪态端庄，举止正确。

孩子是否以自己的父母为荣，父母身上是否有足够的精神营养供孩子汲取，这些都是重要问题。那些以父母为荣的孩子，更容易建立起较高水平的自尊，并对自己产生较高的自我预期。

对于家长说，教养儿女的过程，也是一个自我教育的过程，孩子模仿父母，我们不能禁止孩子们模仿，相反，我们应该让自己值得模仿，哪怕是我们行为中最微不足道的细节。小吴是一位很有才华的女性，在一家广告公司做文案工作，她有一个五岁的小女儿，一家三口，生活得很幸福。大学时代的自由生活，使她养成了不拘小节的习惯。说话直接尖刻，从不顾忌别人的面子，在日常生活中，不按时吃饭、通宵熬夜的事儿也时常发生。先生提醒过她多次，可小吴当时答应得挺好，一转眼就又忘记了，继续我行我素。

在女儿上幼儿园大班时发生的一件小事，使小吴彻底改变了自己。

在一次家长会上，老师告诉小吴："你的女儿很可爱，非常聪明，老师教什么东西她差不多都是第一个学会。但是她和小朋友们相处时不太合作，昨天一个小朋友要和她一起玩拼图，她竟然说'这不是笨人玩的游戏，你醒醒吧'。"小吴惊出了一身冷汗，天啊，这不是自己的口头禅吗？别人提醒过多次，可就是改不了。女儿这么小就目中无人，长大后不在社会上碰壁才怪，等她性格定型之后，再矫正肯定是事倍功半，看来从现在开始，就应该注意要在对女儿的教育上下功夫了。

小吴知道女儿的一些小毛病，都是从自己身上学来的，要教导女儿，首先自己要改过。否则，不光影响自己的个人形象，还将影响到女儿的一生。

从此以后，只要女儿在身边，小吴就格外注意自己的言行举止，说话轻声细语，对先生和女儿坚持"多称赞，不挖苦"，每天吃过晚饭后，一家人在小区周围散会儿步，回家看会儿电视，看看书，安排女儿睡觉后，自己也按时休息。一开始时，小吴总是有意识地控制自己，但时间长了，自然形成新的习惯，不仅仅是做给女儿看了。单位里新来的大学生，还总是赞叹"吴姐做人宽容体贴"呢！更重要的是，女儿在上小学的时候，不知不觉地，已经变成了一个文静可爱，乐于助人的小姑娘，有规律的作息生活，更给了她一个健康的身体。

孩子模仿父母，最初并不会鉴别分辨。父母希望孩子学的，他会模仿；担心他学的，他照样会模仿。这时候，父母仅仅是在口头上禁止是没有效果的，自己都做不到的事，如何还能要求孩子做到？我国著名的教育家朱庆澜先生曾经明确指出："无论是什么教育，教育人要将自身做个样子给孩子看，不能以为只凭一张口，随便说个道理，孩子就会相信。"如果希望自己的孩子品学兼优，首先，爸爸妈妈要做出表率来。

步调一致，才能教育好孩子

《红楼梦》中"不肖种种大承笞挞"一回，贾政为了教育宝玉，决定对其实施"笞挞"，听到消息的王夫人急忙赶来阻拦，威胁道："既要勒死他，快拿绳子来勒死我，再勒死他。"这样的情景即使在今天也不少见，中国的父母在教育方式上自古便存在分歧，常是一个要管，另一个则要护，而这种教养方式埋下的隐患也随之诞生。

朋友的孩子今年9岁，由于平时朋友夫妇工作繁忙，无暇照顾他，就将孩子送到了省城最好的封闭学校小学部上学。这个孩子着实不让父母省心，在学校里根本就待不住，常常偷偷爬出校门给爸妈打电话，今天说脑袋疼，明天又是肚子疼，偏偏孩子的妈妈特别宠着他，只要孩子一说不舒服就不顾一切地从几十里外的县城赶过来，结果来了之后才发现孩子根本什么事也没有。朋友因此生了不少气，可每次想教训一下孩子时，做母亲的就不顾一切地上前阻拦，于是每次的教育都不了了之。这孩子也算把母亲看透了，于是不管白天还是晚上，一次次地往家打电话。前几天，朋友夫妇刚刚看完新闻联播，又接到了儿子的电话，说他胃疼，做母亲的又急了，就要披星戴月地赶去省城，硬生生地被朋友给拦了下来，孩子母亲便开始痛哭流涕。后来，还是托省城的朋友把孩子接了过去，孩子妈妈才安静下来。

还有一位朋友，他的孩子从小学四年级开始就管不了了。这个小男孩长得好看，又聪明伶俐，可就是不爱写作业。每次爸爸刚说孩子两句，妈妈就已经泪儿腮边挂，气得爸爸直摇头叹息。也是因为不能完成作业，老师将孩子的妈妈叫到了学校，刚刚在她面前批评孩子两句，这位妈妈又抽泣起来，这样几次之后，吓得老师再也不敢叫家长了。所以孩子的坏毛病变本加厉。现在，这个孩子在家里已经无法无天了，天老大，接下来就是他了。前些日子，朋友自嘲似的拿来孩子的家庭作业给大家展示，皱皱巴巴的本子上寥寥写了几道题，高兴就戳上几个字，不高兴的地方就空着，然后在每篇作业的下端，是他妈妈潇洒地检查作业之后的签名，老师对此也无可奈何。一个原本聪明可爱的孩子，就这样成为让人头疼的问题生。

人从小就具有自我保护的本能，懂得"趋利避害"。当孩子犯了错，父母中一方责罚他们时，孩子会本能地寻找庇护。此时如果另一方站出来跟爱人"唱对台戏"，恰恰中了孩子的下怀。久而久之，孩子就会形成惯性思维——总会有人来帮我，即便我做错了。父母对待孩子的立场分歧，容易让他们变得遇事就依赖别人，喜欢逃避，甚至养成回避性人格。

事实上，不少父母都在这个节骨眼上犯了错误。譬如，妈妈在教育或责备时，爸爸站出来替孩子说话；或者是在爸爸责备孩子时，妈妈站出来替儿子鸣不平。这样的例子在生活中还有很多很多。譬如：

孩子吃了晚饭坐在电视机前不肯起身，妈妈便催促孩子去做功课："不要再看电视了，该去做功课了。做完了好睡觉。"孩子不起身，"我看完再去！"妈妈坚持说："看完这个节目，就很晚了，还能做什么功课！快去，听话！"儿子正在犹豫，这时，爸爸却在一旁调和："让他看完算了！"儿子当然也就不起身了，结果功课也就不要做了。

在花钱上也常出现这种不一致的现象。孩子跟妈妈要钱买新运动鞋，妈妈认为旧的没有破，可以穿，不必买，因而不给钱。孩子又去找爸爸，爸爸经不起他的纠缠便给了。这是两个常见的例子，夫妻虽然没有争吵，但是给孩子的不良影响却是一样的。这使爸爸（或妈妈）在孩子的心目中没有了威信，孩子有了倚仗，可以不听爸爸（或妈妈）的话，助长了孩子的任性和娇气。而且，这样会使得孩子无所适从，更重要的是助长了孩子不听话的表现。因为既然爸爸认为妈妈责备得不对，或者反过来，妈妈认为爸爸的责备是不对的，那么孩子当然可以不必听了，因而孩子的错误或不良习惯也就得不到纠正，而且会对父母的意见和责备都置若罔闻。

有时，孩子还会利用父母的意见分歧来操纵父母，他们甚至可能用挑拨离间来脱身。比方说，爸爸对儿子的功课要求非常严格，但妈妈觉得丈夫给了孩子太多压力。想象一下这个场景：

做功课时，孩子说他"英语很烂"，并抱怨老师教得不好。这时爸爸批评他，要求他端正态度，认真学习，提高英语成绩。孩子没有理会而是去找妈妈帮忙。这时妈妈跳了出来，说："你还想他怎样，他已经做得不错了！"爸爸反驳："如果他做得好，他就不该抱怨老师，他应该有更好的成绩。"现在矛盾转移了——爸爸妈妈开始针锋相对。妈妈立马回应："是你对他的要求太高了，所以他才会这样，你过分严厉了，对他太苛刻了！"而这个时候，孩子却躲在一边看电视或上网打游戏去了，而不是在做他应该做的功课。这种情况就是焦点摆错了地方。孩子惹出争论以后，他开始逃避应守的纪律，而且没有被追究责任。此外，夫妻针锋相对造成的紧张气氛，往往导致孩子更加冲动。如果父母更专注互相争斗而忽略了让孩子为自己的行为负责，那么他们是不会进步的。

所以在教育孩子时，爸爸一定要与妈妈达成一致，任何一方在教育孩子时，另一方都不应该出面袒护，即使爸爸或妈妈责备得不对，也不要当着孩子的面纠正，甚至是争吵。这样既会损害对方在孩子心目中的威信，使对方日后无法再对孩子进行教育，也会伤害母子或父子感情。

那么在具体问题上出现不同的看法，爸爸妈妈应该怎样处理呢？正确的方法应该是在一方责备孩子之后，在孩子不在面前的时候，另一方再提出自己的看法，与对方讨论，以取得一致的看法，避免日后重蹈覆辙。

在适当的情况下，做父母的也可以一个唱红脸一个唱白脸，在批评过后，其中一个假装出面为孩子求情，给孩子一个台阶，既让孩子知道父母的严厉，也让他知道父母对他的宽容，这样，孩子才不会在犯了错误之后，因为父母一方的偏袒而对自己的缺点死不悔改.

当然，孩子毕竟是孩子，总是在不断犯错、不断改正中慢慢懂事、慢慢长大，所以做父母的应该有足够的耐心和宽容，让孩子在成长的道路上，在曲折的旅途中，在父母严中有慈的爱的陪伴下，步入他人生中的一个个成功的终点。

第二章

父母脾气坏，孩子毁一生

当孩子面对恶狠狠的你时，他们学到了什么呢？学到了粗暴，学到了坏脾气，学会了指责，学会了狡辩，还学会了胆小和自卑。这就是父母对着孩子大发脾气的后果。希望父母们在对着孩子发脾气之前多想一想，你希望孩子的未来是什么样子？

骂孩子是一种畸形教育

父母都十分热爱自己的孩子，他们希望自己的孩子是最聪明、最勇敢、最完美无缺的人。然而，这是不可能的，孩子们由于缺少自控能力，往往会有许多缺点：淘气、不听话、不爱学习、不讲卫生、说谎……于是一些父母就觉得很失望，责罚孩子，严厉地教导孩子，希望他们能很快改正缺点，结果他们更失望了，孩子越管反而越糟糕。这些家长都是很负责的父母，只不过他们用错了教育方法。

一位家长沮丧地找到儿子的老师："老师，您帮我好好管管小东吧！他怎么这么不争气啊！说谎、逃课、不听话，从来就没见过这么坏的孩子！这样下去我还有什么指望啊？"老师惊讶地看着这位家长说："你就是这样看待小东的吗？"老师随手拿起一张被墨水涂脏了一块的白纸，"你看到了什么？""什么？"家长不明所以地回答，"不就是一块墨点吗？"老师笑了，"为什么你就只看见了墨点没看见这张白纸呢？脏了的只是一小块，其他的地方还是雪白的啊！孩子更愿意接受奖励式的教育呀！你眼中的小东说谎、不听话，这是他的缺点，可他还有更多的优点呢！他善良、聪明、会画画、动手能力强、热心……"家长笑了，"我可真是个粗心的父亲啊！竟然忽略了孩子的优点，谢谢您，老师！"

生活中，很多父母总是盯着孩子的缺点和错误不放，就如同只看到墨点而看不到大张的白纸，这种情形对教育孩子是极为不利的。因为家长只看到缺点，就会不停地斥责孩子，责令孩子改正。而儿童心理学家告诉我们，孩子是越骂越糟，越夸越好的。只有运用"赏善"的手段，发现孩子的优点，肯定孩子的优点，才能帮助孩子战胜缺点，不断进步。

一个孩子在奶奶家和父母家判若两人。

每次在奶奶家，奶奶都对他赞不绝口："这么好的小孩子真是难得，小小年纪就懂得礼貌，还知道吃东西的时候要分一份给奶奶！而且呀，我的宝贝孙子都知道帮奶奶干活了。真了不起，奶奶要做你最喜欢吃的鸡蛋糕奖励你！"

可回到自己家里却是另一番景象了。

一进门，妈妈就开始数落："像你这么调皮的孩子真是天下难找，要多捣蛋有多捣蛋，看衣服脏的，多么讨厌啊。"

爸爸也跟着骂他："一天到晚游手好闲，不爱学习，什么也不知道做，我怎么会有你这个没出息的孩子！"

再看看孩子，帽子歪戴着，鼻涕也不擦，一副毫不在乎的样子。

什么原因？

奶奶总夸他的优点，于是，越夸越好，在奶奶家，他就是好孩子；父母老是训斥他的缺点，于是，越骂越糟，在自己家里，他就是坏孩子。

儿童心理学家经过千百次的实验与观察发现：小孩子总是在无意识中按大人的评价调整自己的行为，以达到父母奖励，或者抱怨中屡次提到的"期望"。因此家长们应掌握赏善的策略，不要只顾批评孩子的缺点，而是要反过来多对孩子的优点进行奖赏，这样，孩子就会在不知不觉中改正缺点，成为父母所期望的样子。

在很多家庭中，有缺点的孩子被呵斥与责骂是件毫不奇怪的事，因为父母们认为，这完全是为了孩子好，不骂孩子怎么会改正错误呢？然而这只是家长的一厢情愿，几乎百分之百的孩子会认为，大人们这些无休止的唠叨与责骂，简直就是黑暗统治，特别是对一些有缺点的孩子来说，更是一场灾难。父母们也许不知道，没完没了的唠叨与责骂，会彻底击垮孩子的自信，会促使孩子更加沉沦。

有时候，许多孩子丧失上进心，并不是因为他们不求上进，而是因为他们在取得一些进步并表现出自己有上进心的时候，被父母、老师所忽视。而当他们不经意地表现出一些缺点和不足之处时，却会遭到父母们不分场合、不讲分寸、不讲方式、无休止的呵斥打骂，或者是一而再、再而三的批评、唠叨。

其实，聪明的父母们应该知道，与其揪住孩子的缺点和毛病不放，不如多下些功夫，多发现他们的优点与长处，加以赞扬与肯定。用肯定优点的方法去纠正缺点，逐步将他们引导到积极上进的道路上来。

每个孩子身上都有了不起的地方，都有闪光点。作为父母，应该抓住这些闪光点，通过鼓励，使它成为孩子进步的启动点，用这小小的星星之火，点亮孩子智慧的火炬。每个孩子都能迸发出点亮智慧火炬的火花，认真对待每一颗心灵迸发出的火花，抓住它，强化它，也就是说努力去发现、鼓励、扩大孩子的每一个优点，把每一个优点都当作潜在的启动点。

看问题的着眼点不同，会得出完全相反的结论。家长们能多肯定孩子的优点，而不是揪着孩子的缺点不放，那么孩子一定会更好地调整自己的行为，向着父母期望的方向发展。

不当斥责会令孩子变坏

父母过多的斥责、严厉的管束不但会束缚孩子的主动性，也会扼杀其心灵的创造精神。

有一位很好的中学教师。她管教的学生遵纪守法，学科成绩好。她在家中对子女的要求也很严。孩子在家不大叫大吼，吃饭时不许说话，坐在椅子上背必须伸直，家规一套又一套。孩子不留神，稍有过失，她就开始斥责。由于长年的这种模式般的训练，孩子虽然是变得听话了，对人也彬彬有礼了，但却也变得拘谨、怕事、被动。

有一天，她的学校里举行观摩教学，中午她未能回家。孩子中午放学回来，就坐在沙发上等母亲。整整一个中午母亲没有回来，没有给他们做饭，他们也就饿了一个中午。下午放学回来，母亲问他们中午吃些什么，他们说没有吃什么。母亲问那个12岁的姐姐，冰箱里有速食面，为什么不取出来泡了吃。

两姐弟却说："你没有讲呀！"

同样的情形，有一次那位教师在做菜，发现酱油瓶里没有酱油了。而家里又适逢有客，菜不能马虎，于是她只得叫她的女儿上街去买酱油。不巧，那天杂货铺盘点，关了门，只在门前摆了一个小摊。小摊上没有瓶装酱油，只有塑料袋包装的，半斤一袋、一斤一袋的均有。女孩由于母亲没有吩咐可以买袋装酱油，不敢买，结果空了手回去。

这些学生之所以在多彩的生活面前显得这样无能，主要是因为他们在家中常遭父母的斥责，父母管得过严，而形成了怕事的被动习惯。

这些孩子只知道听从大人的吩咐，自己从没有主见，也不敢有自己的见解和要求。他们既没有自己独立的思考能力，也没有自己的判断力，当然也就更谈不上有什么创造性了。

斥责是父母在孩子出现不当行为时常用的一种方法，不恰当的斥责，往往会给孩子的发展带来负面影响。主要表现在：

1. 影响孩子独立性的发展

在父母看来，斥责孩子是为了管教孩子，而管教孩子就是为了让孩子听话，因此经常强迫孩子照父母的话去做，否则就开始声讨。这很容易使孩子变得被动、依赖，遇事只会等待大人的指令，不敢自行做出判断，唯恐做错事情遭到斥责，这不仅会影响孩子独立性的发展，对孩子思维能力和创造力的培养也极其不利。

2. 伤害孩子自尊心

斥责的语言往往会伤害孩子的自尊心。在父母一次次的斥责声中，孩子会渐渐习惯这些词语，从而变得麻木不仁，缺乏自尊心。这正如有人指出的："那些被认为没有自尊心的孩子，是外界没有给他们提供使自尊心理健康发展的良好环境。他们的自尊心是残缺的、病态的，他们是斥责教育的受害者。"

3. 削弱孩子自我教育的能力

从表面看，遭到斥责的孩子很快表示服从，似乎问题得到了解决。但事实上，孩子考虑的只是斥责给自己带来的痛苦体验，而对自己的过错行为本身却很少自我反思，因此斥责反而会削弱孩子自我教育的能力。

最糟糕的一点是，不恰当的斥责还可能使孩子变坏。前面已谈到，管教过严，或过多的斥责可能引起子女的反感，甚至憎恨。那是危险和可悲的。但是另外还有一种危险，那就是孩子对斥责置之不理，但口头上不反抗，内心不服。你越骂我越要做；你越不喜欢，我越要做。

美国著名儿童心理学家曾对父母的责骂是否对孩子成长有所影响进行研究，他把父母责备孩子的不良态度分为下列几种，并且举出了一些会使孩子变坏的责备方式：

难听的字眼：傻瓜、骗子、不中用的东西。

侮辱：你简直是个饭桶！垃圾！废物！

非难：叫你不要做，你还是要做，真是不可救药！

压制：不要强词夺理，我不会听你的狡辩！

强迫：我说不行就不行！

威胁：你再不学好，妈就不理你了！你就给我滚出去！

央求：我求你不要再这样做了，行吧？

贿赂：只要你听话，我就给你买一辆自行车，或者只要你考到一百分，我就给你一百元。

挖苦：洗碗，你就打烂碗，真能干，将来还要成大事哩！这种恶言恶语、强迫、威胁甚至挖苦，都是一个年轻母亲在气急的时候，恨铁不成钢的情况下，训斥子女时常采用的方法。但是，它们通常也是最不能为孩子，尤其是有些反抗性或自尊心强的孩子所接受的。它们不但不能把孩子教好，只会把事情弄僵，在不知不觉中给予孩子不良的影响。至于央求和用金钱来诱惑更是只会把孩子引上邪路。

在日常生活中，这方面的例子实在是太多了。近年来发生的子杀父事件就是一个惨痛的教训。父亲对儿子的要求非常严格，略有过失便打骂，儿子不堪如此对待，有天下午趁父亲午睡之际，终于拿刀杀死了父亲。由于父母管教方式的不当而产生的类似的悲剧太多了。因而，在这里我想针对上述不好的责备方式，提出一些管教孩子的原则。

这些原则谈起来简单，就是在孩子做得好，做出了成绩时，要及时肯定和适当地赞扬，鼓励孩子继续进步。当孩子做错了事或闯了祸的时候，做父母的一定要冷静，查明事情原委、弄明事情真相，然后再责备。

为了避免斥责带来的负面效应，父母要尽量少用斥责，确有必要进行斥责时应注意以下三点：

1. 尊重孩子的人格

大人往往觉得孩子小，什么都不懂，殊不知孩子是正在成长中的人，他们对周围的人和事会有自己的认知方式和情感倾向，也需要别人的理解和信任。我们只有尊重孩子，用科学民主的方法对待他们，才能把他们培养成有高度自尊心和责任感的人。因此，斥责孩子时一定要注意场合和分寸，切莫在大庭广众之下训斥孩子，也不要说粗鲁、讥讽孩子的话。

2. 让孩子知道自己为什么受斥责

由于孩子年龄小，知识经验少，能力有限，因此常常会惹出这样那样的事端来，父母应实事求是地加以评价，讲讲道理，同时应帮助孩子分析原因，引导他自我反省。

3. 告诉孩子正确的做法

斥责本身只是一种教育手段，而不是教育的目的，教育的目的是使孩子今后不再犯同样的错误。因此，父母在斥责孩子的同时还要耐心地教给孩子做事的方法。最好是暗示，让孩子自己去思考，去判断，通过自己的努力加以改进。

把手中棍子轻轻放下来

在中国人的心目中，"黄荆棍下出好人"的古训几乎成了一条真理。其实，这是一条很不好的古训。研究证明，对孩子采用暴力是一种很不好的方法，对孩子的身心都会造成很大的危害。聪明的父母必须学会循循善诱，让孩子高高兴兴地按父母的愿望办事。

近两年来，地方的报纸报道过几起父母打死亲生子女的事件。这种事件到处都有，事情的起因都非常简单，就是孩子不听话，不好好读书，引起了父母的恼怒。通常开始是骂，骂了，孩子不听，仍然不认真读书，喜好在外面玩耍，于是父母就动手用棍子打。当然开始也还只是小打，因为又有哪一个父母不疼爱自己的子女呢？他们之所以督促孩子读书，骂孩子不读书无非是想孩子成龙。当然"成龙"这只是一个形象的比喻而已，并不是每个父母都敢于奢望自己的孩子"成龙"。说实话，大多数的父母，也不过是望子多读一点书，成为一个有用的人。

孩子年幼，父母亲有时候过分迷信打骂可以使孩子用功读书或成绩进步，这是相当可笑的想法。应该适时诱导孩子从小对读书的兴趣，并教导他们正确的社会价值规范。以人为本的教育才是现代年轻父母所应保持的理念，因为"打"并不能使孩子明了父母的用心，只会在幼小的心灵上制造不可磨灭的伤痕。

既然只是为了教训孩子，使他有所忌惮，因而即使打也不宜多打。打两三下，作为警告也就够了，这也就是我们常讲的响鼓不用重锤。反之，打多了，打惯了，把一个孩子打疲了。那么，孩子对打也就不会有所惧怕了。一旦一个孩子对打失去了惧怕，那就最好就此住手，另想他法。如果做父母的仍执迷不悟，认为打一定可以解决问题：不信你不怕打。那么就会越打越重，越打越厉害。

这样也仍然有两种可能：一种是孩子果然被打服了；另一种就是孩子越打越顽强，大人的火气越来越大，以致失去了控制，结果把孩子打死了。

从报纸上的报道可以看出被打死的孩子通常很小，还未成年，无力反抗。到了十四五岁的孩子，如果他已经不听话到不怕打的程度，他就会反抗，与父母对打。这种反常的现象在城市里现在也不少。

所以，绝对不能迷信棍子的威力，尤其是今天的孩子已不是三四十年前我们做子女时的子女。他们成熟得早，他们没有什么封建传统的束缚，有着更强的独立意识。这就是为什么打多了，他们不是更怕打，而是仇恨和反抗的原因。

前几天，我们还听说一位教师在打女儿时，被女儿一拳打肿了眼睛。所以，这是不能教育好孩子的。如果说他们只想通过打使孩子吃一些皮肉之苦，从而有所惧怕，那么要使孩子对自己的过失有所反省和悔悟，就还要做耐心的说理与说服工作，使孩子明白父母为什么打他。同时，劝孩子今后应吸取教训，不再做不应该做的事：逃学、旷课、不做功课、在外打架惹祸等。

父母打孩子往往是出于一时冲动，大多没有经过深思熟虑，但却会造成不可弥补的严重后果——使孩子产生不良的心态和心理偏差。如孩子说谎，正是因为有的父母一旦发现孩子做错事就打，孩子为了避免"皮肉之苦"，瞒得过就瞒，骗得过就骗，骗过一次，就可以减少一次"灾难"。可是孩子说谎往往站不住脚，易被父母发现。为了惩罚孩子说谎，父母态度更加强硬；而为了逃避挨打，孩子下一次做错事更要说谎，这样就构成了说谎的"恶性循环"。

如果孩子经常挨父母的拳打脚踢，时间一久，这种孩子一见到父母就会感到害怕，不敢接近。因此，不管父母要他做什么，也不管父母的话是对是错，他都只是乖乖服从。在这种不良的"绝对服从"的环境下成长的孩子，常常容易自卑、懦弱。

这种孩子往往会唯命是从、精神压抑、学习被动。孤僻而且经常挨打的孩子会感到孤独无援，尤其是父母当众打孩子，会使孩子的自尊心受到伤害，往往会怀疑自己的能力，会自感"低人一等"，显得比较压抑、沉默，认为老师和小朋友都看不起自己而抬不起头来。

于是这种孩子往往不愿意与父母和老师交流，不愿意和小朋友一起玩耍，性格上显得孤僻固执。有的父母动不动就打孩子，损害孩子的自尊心，使他们产生对立情绪、逆反心理，于是，有的孩子用故意捣乱来表示反抗。你要东，他偏要西，存心让父母生气。有的孩子父母越打越不认错，犟劲儿越大，常常用离家出走、逃学来与父母对抗，变得越来越固执。

不少父母大打出手，往往习惯打孩子的屁股。

据报道，北京有位母亲因为打孩子的屁股致使孩子肾功能衰竭而被送上法庭。据《华西都市报》载，四川眉山市某学校二年级学生张阳，因为作业错误较多，引起父亲大怒。由于儿子不告饶，父亲取下书包上的人造革背带抽打孩子，仍不解恨，找来竹板打孩子屁股，导致张阳臀部大面积出血，不治身亡。其父不得不去公安机关投案自首……

该不该打孩子屁股，这是个老掉牙的话题。"望子成龙"的欲望时时刻刻都在紧紧揪着父母的心，由于某种突发的事件，父母常常会丧失理智而大打出手。

现在让我们从医院开始，请听一个医生的叙述：有一天，我正在值班，一个妇女抱着约莫五岁的男孩，闯进急诊室。这个妇女十分着急地告诉我，这孩子太调皮，玩弹弓把家里彩电荧光屏打烂了。一气之下，她把孩子按在床沿上，用竹板往孩子的屁股上连连乱打……孩子哭叫着，突然呼吸急促，哭叫声断断续续起来，呛咳着直嚷胸肋部疼痛。她掀开孩子衣裤，除了白嫩的屁股上有血痕外，胸部、肋部都没有出现伤痕。她傻眼了，心想自己又没打孩子身上，怎么会这些地方痛？于是，她便抱着他来医院检查。

我连忙给孩子听心肺，又请来放射科医师做透视，结果均属正常。经过综合分析，我给孩子下了"急性胸肋痛"的诊断。老百姓把这种病叫作"岔气"，疼痛起来可厉害得很，严重的还会发生休克！我取来中成药"通关散"，往孩子鼻黏膜上轻轻地吹一点，孩子接连打了几个喷嚏；我又给他注射了安定和阿托品，不断地在孩子的内关穴和外关穴上捏揉。没多久，孩子的呼吸平稳了些，疼痛也开始渐渐消失。

这时，我才告诉孩子的母亲，因为孩子挨打时全身剧烈晃动，加上又急又怕的精神刺激，造成呼吸肌痉挛而胸肋疼痛。

看见孩子已基本恢复常态，那位母亲似乎还不理解，快快地说："我只打他屁股呀！"

我严肃地说："打屁股引起的怪症还多着哩……"父母打孩子的屁股时，一般都叫孩子趴在床上或其他依靠物上，由于孩子常常会胡乱摆动，睾丸有可能被床沿或依靠物损伤，最常见的是睾丸血肿或破损。打屁股时，父母生气地拉着孩子一只手，有可能用力过猛，使他那直径与桡骨头几乎相等的桡骨颈从环状韧带中往下滑脱而呈半脱臼状态，也就是医学上所称的"牵拉肘"。还有，打孩子屁股时，一般都使用质地坚硬的竹木片。如果打的时候用力过猛，往往会引起孩子臀部肌肉局部血肿，血液循环不畅而发生坏死性炎症。打孩子屁股时，有的父母在极度气恼中丧失理智，会因为用力太大损伤孩子的梨状肌，挫伤坐骨神经，引起下肢麻木，甚至瘫痪。打孩子屁股时，父母有可能失手而误伤孩子的头部、胸部，或者在混乱中伤害肝、脾、肾等脏器，内出血而危及生命……

这些情况都是常常发生的。年轻的父母们，请放下你的板子！无论孩子犯了什么错误，都要进行耐心细致的教育，"大打出手"的做法是解决不了根本问题的。

孩子淘气是难免的。有的父母往往不能正确地对待孩子的淘气行为，因为一点小事就罚孩子站。罚站是一种很常见的方法。有的父母甚至罚孩子站很长时间，这是不可取的。

孩子骨骼发育不成熟，脊椎、腰椎都还很脆嫩。如果让孩子带着恐惧的心理站很长时间，势必加重腿部肌肉的紧张度，加重脊柱和腰椎的负担，两腿发胀、发麻，无控制地弯曲和腰酸。这对孩子的身心健康都是很有害的。

很多事实证明，罚站是起不到良好的教育作用的。虽然孩子受到了"腰酸腿疼"的折磨，但是并没有找到自己犯错误的原因，也不知道今后如何改正，这就在无形中剥夺了孩子承认错误和改正错误的机会。研究表明，体罚常常会加剧孩子的抵触情绪，加深父母子女之间的隔阂，真是得不偿失。

总之，为了管出孩子的规范行为，父母不要向孩子发火或者体罚孩子。如果这样就不可能教会孩子如何控制自己的冲动行为，而且很可能由于父母的自我失控令孩子感到恐惧，这是适得其反的。

家庭教育务必宽严相济

孩子往往会在自觉、不自觉中犯下这样或那样的错误。那么，家长应该如何教育这些犯了错误的孩子呢？孩子犯错时，给予适当的惩罚是很有必要的，但是，我们也不能一味只想着惩罚，而应宽严相济，甚至可以用宽容去"惩罚"，这样的效果有时反而会更好。遗憾的是，很多家长遇到这种情况，第一个念头就是：严厉地教训他一顿，让他以后不敢再犯。而事实上，心理学家告诉我们，宽容孩子的过错才是最有效的教子方法。

不知爸爸妈妈们有没有听过这样一个寓言：

北风和太阳打赌，看谁的力量更强大。它们决定比试谁能把行人的大衣脱掉。

北风先来。它鼓起劲儿，呼呼地吹着，直吹得寒冷刺骨，可是越刮，为了抵御北风的侵袭，行人越把大衣裹得紧紧的。

接下来是太阳。太阳高挂在天上，轻柔温暖，行人觉得春暖上身，渐觉有点热，于是开始解开纽扣，继而脱掉大衣，太阳获得了胜利。

人们把这种以启发自我反省、满足自我需要而达到目的的做法称为

"太阳效应"。太阳之所以能达到目的，就是因为它顺应了人的内在需要，使人的行为变为自觉。

"太阳效应"给我们的教育启示是：在处理孩子的错误时，宽容有时比惩戒更有效。

为什么宽容谅解会产生如此奇效呢？这是因为，当一个人不慎犯错时，首先他自己也会感到痛苦和内疚，孩子亦是如此。这时，他们最需要的是理解和信任。而宽容，恰恰能够给予他们这方面的满足，继而使人认真反省，痛改前非。

有这样一则故事，对家长们来说，应该是一种启迪：

一天，埃德蒙先生回家刚打开厅门，就听见楼上的卧室有轻微的响声，那种响声对于他来说太熟悉了，是阿马拉小提琴的声音。

"有小偷！"埃德蒙先生快速冲上楼，果然，一个十几岁的陌生少年正在那里摆弄小提琴。

他头发蓬乱，外套口袋还露出两个金烛台。毫无疑问他是一个小偷。埃德蒙先生用结实的身躯挡在了门口。

这时，埃德蒙先生看见少年的眼里充满了惶恐、胆怯和绝望。那不是一个孩子应该有的表情。

于是，愤怒的表情顿时被微笑所代替，他亲切地问道："你是埃德蒙先生的外甥尼克吗？我是他的管家。前两天，埃德蒙先生说你要来，没想到这么早就到了！"

那个少年先是一愣，但很快就回应说："我舅舅不在家吗？那我先出去玩一会儿，待会儿再回来。"埃德蒙先生点点头，然后问那位正准备将小提琴放下的少年，"你也喜欢拉小提琴吗？"

"是的，但拉得不好。"少年回答。

"那为什么不拿着琴去练习一下，我想埃德蒙先生一定很高兴听到你的琴声。"他语气平缓地说。少年犹豫了一下，但还是拿起了小提琴。

路过客厅时，少年突然看见墙上挂着一张埃德蒙先生的半身像，身体猛然抖了一下，然后头也不回地跑远了。

埃德蒙先生确信那位少年已经明白是怎么回事了，因为没有哪一位主人会用管家的照片来装饰客厅。

三年后，在一次音乐大赛中，埃德蒙先生应邀担任决赛评委。最后，一位年轻的小提琴选手凭借雄厚的实力夺得了第一名！评判时，他一直觉得这位选手似曾相识，但又想不起在哪里见过。颁奖大会结束后，这位选手拿着一只小提琴匣子跑到埃德蒙先生的面前，神情激动地问：

"埃德蒙先生，您还认识我吗？"埃德蒙先生摇摇头。

"您曾经送过我一把小提琴，我一直珍藏着，直到有了今天！"年轻人热泪盈眶地说，"那时候，几乎每一个人都把我当成垃圾，当您出现在门口时，我以为自己彻底完了，但是您宽恕了我，让我在贫穷和苦难中重新拾起了自尊，心中再次燃起了改变逆境的熊熊烈火！今天，我可以无愧地将这把小提琴还给您了……"

琴匣打开了，埃德蒙先生一眼瞥见自己的那把阿马拉小提琴正静静地躺在里面。他走上前紧紧地搂住了这个激动的年轻人，三年前的那一幕顿时重现在埃德蒙先生的眼前，原来他就是那个少年！埃德蒙先生眼睛湿润了，少年没有让他失望。

宽容，使埃德蒙先生成功地唤醒了孩子的良知，让孩子彻底改正错误，走上正途。这个故事应该让爸爸们有所感悟。

现实生活中，有些家长由于望子成龙、望女成凤心切，总是容不得孩子有过失、犯过错，认为必须严厉地教育孩子，才能使孩子改过。但他们不知道，这样做往往会使孩子产生逆反心理，一些孩子甚至就越骂越皮，干脆破罐子破摔了。因此，当我们的孩子犯了某种错误时，如果他自己对错误或过失的严重性已经有了较深的认识，深深地感到后悔和内疚了，这时，爸爸妈妈不妨宽容一点，给予孩子足够的理解和信任，这样的教育方法会使孩子更好地反省自己，改正错误。

惩戒不可少，但要适度

父母总希望孩子能听自己的话，可孩子偏偏把父母们苦口婆心的说教当成耳边风。

"孩子怎么这么犟呢？我们说了那么多都是为了他们好，想想看，如果是别人的孩子，我会对你说那么多吗？爸爸妈妈不会害你的！"在教育子女无效后，父母真是满肚子的苦水无处说。

怎么能让孩子听话？假如世上有让孩子听话的药，估计父母们肯定会不惜一切代价买回家在第一时间给孩子吃的。可世上哪会有这种药呢？还是看看专门研究家庭教育的专家们有什么新鲜招数吧！

一位爸爸抱怨说："我一直非常注意女儿的成长，特别是她的缺点，我会想办法让她尽量改正。为此，我天天讲，月月讲，真是磨破了嘴皮子。刚开始我说她，她还听，慢慢地她就对我说的话不予理睬，不当回事。现在我无论说什么，她都好像没有听见，无动于衷。我实在想不出用什么方法来管教她……"

这位父亲的苦恼其实是孩子对反复出现的某类刺激所产生的一种习惯性倾向，导致心理反应迟钝或弱化，甚至不起反应，这是目前很多父母共同面临的一件头痛事。

当孩子有了过错以后，父母批评孩子不是对事不对人，而是用简单的否定、粗暴的训斥、讽刺来对待孩子。如"你真是笨，一辈子没有出息"，"现在就学会了撒谎，长大后不知道成什么样子"。这类语言最伤孩子的自尊心，使孩子变得对任何事情都无所谓，甚至自暴自弃，不思进取。

有的父母往往以成人的标准来衡量孩子，不是站在发展的立场上，宽容地接受孩子由于缺乏经验与能力而犯的过失，而是小题大做，大发脾气，并且将孩子以往的所有错误重新数落一遍，引起孩子反感。

对于孩子的坏毛病，爸爸妈妈要适当地予以惩罚，但是千万不能过量。我们中国以前的传统家庭是："家有一老，如有一宝"，现在的小家庭则是："家有一小，如有一魔"。孩子一再犯错，家长该怎么办？那还用说：惩罚。但是惩罚孩子一定不能太严格，否则孩子一旦犯了错就会非常担心被父母惩罚，时间一久就很可能产生焦虑症。

婷婷非常喜欢奥特曼，所以爸爸给她买了一个奥特曼的玩具。一天，爸爸出门时把玩具放在桌子上，婷婷的小伙伴乐乐跟着妈妈来婷婷家玩。两个妈妈在客厅说话，婷婷就跟乐乐在卧室里玩。

乐乐对婷婷说想玩一下她的奥特曼，可是桌子太高了，怎么也拿不着，这让她十分懊恼和沮丧。于是，婷婷就让乐乐的小手努力、再努力地往前伸，结果一不小心玩具掉了下来，摔坏了。婷婷十分慌张地看着它，然后怒冲冲地对乐乐说："你真笨，怎么能够这样啊？你赔我的奥特曼。"婷婷妈和乐乐妈听见孩子的争吵声，都跑进卧室看。但是任两位妈妈怎么劝，婷婷就是不依不饶的，这弄得乐乐妈很尴尬。

不一会儿，婷婷爸爸回来了。他听到婷婷的叙述，就说："好了，别闹了，爸爸明天再给你买。"可是，婷婷一听更闹得厉害，竟然还坐在地上撒起泼来……结果，爸爸暴跳如雷，一边骂一边打："你怎么这么不懂礼貌？这么没有规矩啊？乐乐是你的小伙伴，不小心把你的玩具弄坏了，又不是故意的，而且乐乐和她妈妈都已经跟你道过歉，我叫你不听话，我看你就是找打！"说着，爸爸就把婷婷拎起来，在她的屁股上打了几下。这下，婷婷哭得更凶了，站在一旁的乐乐傻眼了，乐乐妈也更尴尬了……

父母教育孩子不是单用"拳头"才能把问题解决掉的，在孩子犯错误时，父母第一件事想到的应该不是处罚，而是通过某种方法让孩子认识到错误，主动加以改正。这样，孩子不但会改进，而且当他们下次犯错误的时候，他不会由于怕父母处罚而担忧和撒谎，他们会主动交代错误。所以，父母不要轻易做"黑脸"，动不动就处罚孩子，而是要记住适度惩罚。

国外有教育专家通过多年来的调查得出结论：不当地惩罚孩子，只能影响孩子的成长。孩子年幼时，会出现严重的焦虑症，看到父母发火时，就会表现出紧张、焦虑的情绪，父母越罚、哭得越凶；进入青春期后，他们的叛逆情绪则会超出正常范围，经常选择不理智的举动，以此来对抗父母的惩罚。当问起这些孩子的心理状态时，他们总会这样回答："我那么做也是没办法。因为我知道，如果我犯了错误，爸爸妈妈肯定不会轻饶我的。既然如此，我何不进行反抗呢？谁让他们这么对我！"

孩子的这种话，相信父母看了一定会心惊肉跳。所以，面对孩子的错误时，父母还是尽量忘记"惩罚"这个词吧。父母的教育，不是惩罚这么简单，而是应该通过合理的手段，让孩子认识到错误，主动加以改正。这样，孩子不但会汲取经验，而且当他下次犯错误的时候，他不会由于怕父母处罚而担忧和撒谎。

父母的责任，是引导孩子成为一个健全的人，而不是培养"敌人"。如果父母总在惩罚孩子、教训孩子，孩子势必会因此感到苦恼，认为是父母不爱他们、讨厌他们，无形中和父母之间有了距离。这样的话，交流的大门就会慢慢关上了。

面对孩子的错误，家长不要动不动就大声斥骂，甚至打她，而是要找到适当的方法，给他适度的惩罚。只要成功地抑制了孩子的错误就行了，没必要太严厉。

1. 家长要克制自己的怒气：面对孩子的错误，家长首先要控制自己的愤怒情绪，先想想为何孩子需要以不当的手段（如欺骗）来获取他想要的东西，或掩饰他的错误。

2. 给孩子解释的机会：家长应询问孩子犯错的原因，借此了解孩子这样做的目的，并且适时教育，纠正其偏差的观念及行为。

3. 预先和孩子定好处罚方式：比如，事前告诉孩子，一旦犯了什么错误，就要减少零食的数量，少给零花钱，两天不能看电视等，让孩子心里有数，而不是提心吊胆地想："还不知道他们怎么惩罚我呢。"

4. 采用隔离式惩罚的方法：看到孩子做错了事，家长自然不高兴，想要对他进行惩罚。但是拳脚相加，这并不是最好的方式。爸爸妈妈可以采取"暂时隔离"的处罚方式。"暂时隔离"就是在孩子犯错时，让他坐在角落的一张椅子上，以一岁一分钟为原则，思考一下自己的行为。需要注意的是，这种方法不是要家长把孩子囚禁。处罚的同时，要让孩子明白自己做错了什么，因为孩子如果不明白自己为何受罚，那么处罚就没有意义了。同时，家长还要保持语气上的平和，万万不可表现出威胁、暴躁的口吻。

5. 惩罚时别忘了正面引导：有的家长在惩罚孩子时，还不忘说这样的话："你真不争气"、"没出息的东西"，如此责备，只能把孩子往歪路上推。懂得教育的家长，应当是在惩罚结束后，用肯定的语言，如"你是有出息的"、"肯定会争气"等，给予正确引导。只有让孩子意识到了错，愿意进行改变，他才能体会到爸爸妈妈的心，从而将冲突的概率降至最低。

控制住自己的愤怒情绪

在我们自己的童年时代，没有人告诉我们如何处理生活中不可避免的愤怒情绪。我们受到的教育让我们对自己的愤怒感到内疚，在表达愤怒时有一种罪恶感。我们相信愤怒是不好的，愤怒并不只是不好的行为，它还是一种重罪。对待我们自己的孩子时，我们努力忍耐，事实上，忍得太久，迟早我们必然会爆发出来。我们担心自己的怒气会伤害孩子，所以我们忍着，就像一个潜泳者屏住呼吸一样。但是在这两种情况下，忍耐力都是相当有限的。愤怒，就像普通的感冒一样，是种周期性复发的麻烦。我们可能不喜欢它，但是我们无法忽略它。我们可能很了解它，但是无法阻止它的发生。愤怒发生后的后果和情形都是可以预见的，但是它看上去总是那么突然，意想不到。而且，尽管发怒的时间可能持续得不长，但在当时看来仿佛会没完没了似的。

当我们发怒时，我们的行为就像完全失去了理智，我们对孩子说出的话，做出的事，哪怕是在打击敌人时都会犹豫一下。我们大喊大叫、辱骂、抨击。当这一切结束时，我们会感到内疚，我们郑重地决定，以后绝不重复这样的行为了。但是，愤怒会无可避免地再次来袭，破坏了我们良好的愿望。我们再一次猛烈攻击那些我们为了其幸福愿意献出生命和财富的人。而试图不再生气的决心不但没用，甚至更糟糕。这样做的结果只能是火上加油。愤怒就像飓风，是生活中的一部分，你不得不承认，而且还要准备好。安宁的家庭，就像希望中的和平的世界，并不是依靠人性中突然的善的改变，而是依靠周密计划的程序，可以在爆发前有系统地减轻紧张情绪。

精神上健康的父母并不是圣人，他们能意识到自己的愤怒，并且重视它，他们把愤怒当成一种信息资源，是他们关心孩子的表示。他们的言语和他们的心情一致，他们不会隐藏自己的情绪。下面这件事就说明了一个母亲在释放她的怒气时是如何鼓励合作的，而不是辱骂或羞辱自己的女儿。

简今年十一岁，一回到家就大叫："我无法打棒球，我没有衬衣！"她的妈妈可以给女儿一个可行的建议："穿那件宽松的上衣。"或者，如果希望提供帮助，她可以帮助简找一件衬衣，但是简的妈妈没有这样做，而是决定说出自己真实的想法："我很生气，我真的很生气。我给你买了六件棒球衬衣，你不是放错了地方，就是丢了。你的衬衣应该放在你的抽屉里，这样，当你需要的时候，你就知道该到哪儿找到它们了。"

简的妈妈表达了她的愤怒，但是没有辱骂女儿。她后来说道："我一次也没有提过去的牢骚，没有翻旧账，我也没有提到我女儿的名字，我没有说她是没有条理的人，也没有说她不负责任。我只是描述了我的心情，以及以后该怎么做才能避免不愉快。"

简的妈妈的话帮助简自己想出了一个解决办法。她马上跑到朋友家里以及体育馆的衣帽间去找放错了地方的衬衣。

在对孩子的教育中，父母的愤怒也可以起到一定的作用。事实上，在某些时刻，不生气并不会给孩子带来好处，反而给孩子一种漠不关心的感觉，因为那些关心孩子的人很难做到一直不生气。不过这并不说明孩子能经受得住愤怒和暴力，只是说明孩子们能够理解这样的愤怒："我的忍耐是有限度的。"

对于父母来说，愤怒是一种代价很高的情感，为了物有所值，没有益处的话，还是不要随便发怒的好。发怒不应该招来更多话，药物不应该比疾病更糟糕。怒气应该以某种方式表达出来，这种方式应该能够使父母得到一定的解脱和轻松，给孩子一些启示，对任何一方都不应该有副作用。因此，我们不应该在孩子的朋友面前痛责孩子，这只能让他们的行为变本加厉，从而让我们怒火更盛。我们并不想引起或者延长愤怒、违抗、还击和报复。相反，我们希望孩子能够理解我们的观点，让阴云消散。

心理专家认为，青少年的愤怒情绪大多数是由于沟通不畅造成的。许多时候我们感觉与自己直接产生矛盾的人沟通有困难，于是就不再沟通，而采取别的渠道泄愤。但真正成熟和有勇气的做法，是在产生愤怒的地方解决愤怒，青少年要尽量找机会心平气和地表达自己的意见。这样尝试后，我们会发现，其实许多愤怒是沟通不畅导致的。

心理专家说，愤怒就像是压力锅中的蒸汽，发散不出来就会不停地郁积，直至爆炸。因此，消除愤怒、缓解压抑情绪是对身心健康十分重要的事情。一般情况下，让愤怒情绪发泄出来是较为有效的方法，而最可取的是"降温法"。

愤怒犹如火山爆发。愤怒的人会变得毫无宽恕能力，甚至不可理喻，思想尽是围绕着报复打转，根本不去想会有什么后果。自己的愤怒不仅使家人、朋友远离你，同时也使自己陷入进退两难的境地。让愤怒之火自行消灭，关键还在于自己进行自我心理调节。

如何处理愤怒呢?

1. 深呼吸。

2. 用暗示、转移注意法。

3. 压抑怒火。这是给自己创造思考的时间。但愤怒情绪是不能压抑的，必须疏导、让怒火慢慢并有节制地释放。

4. 宣泄。当然，在不伤害别人的情况下，你可以通过做某件事情，适当地发泄积在心中的怒气。

5. 独处。这样你的坏情绪影响不到别人，也能让怒火冷却下来。

6. 给自己深思的时间。

在温和的探讨中点拨孩子

其实孩子有了委屈、疑难的问题时，也愿意向家长请教，孩子犯了错误时并不拒绝父母的管教，只是他们无法接受一些家长的教育方式：严厉的斥责只会让孩子感到委屈难过。而家长斥责孩子的话即使再有道理，再有深意，孩子也不会去反省什么，因为他的心已经被愤怒和不平占据了。

要让孩子改正错误，那么一顿严厉的斥责就够了，只不过相同的错误，孩子很可能以后还会再犯；要让孩子深刻认识到自己的错误，真正反省，那么，家长就得运用点拨的手段，让孩子明白其中的道理，并自觉规范自己的行为。

那么，怎样才能成功地点拨孩子呢？教育学家认为父母的态度和方式很重要。如果父母板着脸，不停地向孩子说教，那么即使父母的话字字珠玑，孩子也是听不下去的，更别说自行从中悟出道理了。因为父母的严厉态度让孩子感到害怕，父母的说教让孩子产生厌烦，这样做是根本无法达到教育目的的。

教育学家建议，父母应用温和的态度，在与孩子的探讨中启发孩子、点拨孩子。

乐乐是个非常调皮的男孩，上小学四年级。每天放学后，乐乐总是不做作业，放下书包就跑出去玩。为此，爸爸总是训斥他，有时还打骂他，可他却总也不改这毛病。有时在爸爸的强迫下，勉强坐下来做作业，可总是不专心，而且做得马马虎虎，错误很多，爸爸拿他也没办法。

有一天，乐乐的姑姑到他家来，正好看到哥哥因为做作业的事在训斥乐乐，可乐乐很倔强，不管爸爸怎么说，他就是不开口，也不去做作业，气得爸爸要打他。姑姑见此情景，对乐乐爸爸说："大哥，我来和他谈谈。"乐乐的姑姑是位老师，她把乐乐带到他的房间里，摸着他的头问："乐乐，在外面玩得开心吗？"乐乐说："也不是特别开心。""那爸爸让你做作业，你为什么不做？""爸爸对我太凶了，总是骂我，我就是不做，故意气他。""那你觉得完成作业再去玩好，还是玩过再做作业好呢？"乐乐不说话，姑姑又说："你是不是也觉得做完作业再去玩，心里没有压力，也不用听父母的责备，会玩得更开心？"乐乐点点头。"姑姑知道，乐乐是个懂事的孩子，聪明也爱学习，就是爸爸妈妈不催，你也会主动完成作业的，是不是？"乐乐点点头，走到书桌前，打开书包，开始做作业，而且特别认真。

乐乐爸爸由此认识到了自己以前的做法是错误的，由于对乐乐粗暴的态度让孩子反感自己，越来越不听自己的话。从此以后，乐乐的父母改变了态度，不再严厉地责备他，而是以温和的态度对待他，乐乐变得懂事了，学习成绩也有了很大的进步。

其实，家长们应该想到，既然想点拨孩子，就得让孩子先接受自己，实现良好的亲子沟通，这样孩子才能接受你的想法。另外，点拨就是让孩子自觉产生正确的想法，这是需要家长的诱导而不是去灌输的。

父母以温和的态度来对待孩子，是对孩子的尊重，也是高明的教育方法。家长只有掌握了这一点，才能实现与孩子的良好沟通。

1. 温和的态度让孩子不惧怕交流

爸爸妈妈以温和的态度对孩子，孩子在面对爸爸妈妈时就不会因为害怕而紧张、恐惧，也不会因为反感大人的训斥而产生对抗甚至仇视的心理，孩子会用一种平静的心情和爸爸妈妈交流，会认真听取爸爸妈妈的意见，也只有在这种基础上，点拨才能发挥效用。

2. 温和的态度鼓励孩子说出真正的想法

当爸爸妈妈以温和的态度对待孩子，与孩子平等地交流时，孩子觉得自己受到了爸爸妈妈的尊重，而爸爸妈妈的眼神、鼓励的话语，也会让孩子产生倾诉的欲望，使孩子会把自己内心的想法都告诉父母。

3. 温和的态度拉近亲子距离

态度体现了一个人的修养，与人交流时用什么样的态度，体现了一个人的修养如何，即使是父母在与孩子沟通时也不可忽视这个问题。温和的态度是一个人良好修养的体现，温柔的眼神、微笑的表情拉近了与孩子的距离，使孩子乐于亲近父母。

爸爸妈妈们要记住，点拨的重点在于提示、引导，而不是灌输，因此一定要把握自己的态度和教育的方法，这样才能让孩子产生自觉的行动，达到教育的目的。

第三章

心灵施暴，这是家长极易忽视的软暴力

　　不打孩子，是不是就等于让孩子免受暴力侵害？不是这样的。很多孩子自闭、自卑、消极，都与家长的心理暴力有关。心理暴力是一种软暴力，对孩子造成的影响是在精神和内心层面的，这种心灵的摧残以及情感的虐待，家长们一定要好好注意了，软暴力产生的心理影响深刻且严重。

持有偏见，不会有好的教育

偏见对一个人的影响是非常大的，有了先入为主的印象后，你就很难正确地评价一个人。在教育子女这方面，家长尤其要留神，千万不要带着偏见去教育孩子。

有这样一个故事：达达是小学四年级的孩子，他很聪明，就是不爱学习，不仅如此，有时候他还喜欢耍点小聪明。比如，有一次他就把成绩册上的 39 分改成了 89 分，惹得父母又气又恨。有一段时间，达达看了几本科普书，他觉得自己应当努力学习，长大后当个科学家，也去研究机器人什么的。于是达达开始努力学习，结果在期中考试的时候，竟然由倒数第 3 名前进到了第 9 名。那天，他兴冲冲地拿着成绩单冲回家里，结果父亲在反复检查了成绩单的真伪后竟然说："成绩不错，抄同学题了吧？"妈妈也在一旁皱着眉头说："达达，作弊是最可耻的，知道吗？你怎么越学越坏了呢？"

"爸爸妈妈，你们怎么这么说我？"满心等待父母表扬的孩子，心情一下子坠入到谷底，哭着跑回自己的房间。从此这个孩子放弃了努力，他的学习成绩又跌回到原来的水平，因为对他来说，成绩固然重要，但尊严更不容践踏，所以只有选择以一如既往的成绩来证明自己的清白。这不仅是父母的悲哀，更是孩子的悲哀。

由于父母平时对孩子已经有了"成绩差"这样一种先入为主的印象，在孩子进步后还是以原来的标准去评价孩子，对孩子造成偏见、成见的错误认识，结果既伤害了孩子的自尊和进取心，也影响了父母在孩子心目中的形象，孩子会觉得父母因为成绩差就打击我，这说明他们不是真的爱我。

然而很多家长都不自觉地对孩子形成了一种带有偏见的认识，尤其是对那些以前"公认"的"坏孩子"。大人们的这种偏见是对孩子心灵的暴力，严重地阻碍了孩子愉快健康地成长。

更糟的是有些家长，一旦发现孩子在年幼时有不聪明的表现，七八岁时有蠢笨的举止，便断言："这孩子脑袋太笨了，这么简单的问题都不会，甭指望他（她）有出息了！"与错误的失望情绪随之而来的，就是父母对孩子的爱骤然降温，从此，孩子则随时能够领教到父母的责骂与轻视。其结果，肉体施暴，伤及皮肉；心灵施暴，损毁自信。受伤的皮肉很快康复，受伤的心灵却可能一辈子也难以愈合。

下面这个例子就可以让你清楚地看到偏见对人们的影响。

在美国密歇根州的一所大学里，心理学家找了20名大学生做了这样一个实验。实验者把这些大学生分成了两组，并向两组同学出示同一张照片，但在出示照片前，向第一组学生说：这个人是一个罪大恶极的罪犯；对第二组学生却说：这个人是一位了不起的人物。然后他让两组学生各自用文字评价照片上这个人的相貌。

第一组学生的描述是：深陷的双眼表明他内心充满仇恨，鹰钩鼻子证明他沿着犯罪道路顽固到底的决心……

第二组学生的描述是：深陷的双眼表明此人思想的深度，鹰钩鼻子表明此人在人生道路上有克服困难的意志……

心理学家得到了他所预见的答案，但对对比如此鲜明的答案，还是不禁哑然！

看到了吗？明明是同一张照片，只不过因为带着偏见去看，就出现了两种完全不同的评价，看来偏见的威力实在是惊人。

我们之所以认为，偏见对孩子成长有危害，不仅因为它会伤害到孩子的自尊心，还因为它会给孩子带来消极的暗示。比如说，在学校里如果老师按照学生的成绩排座位，那么坐在后几排的学生就会认为："这就是说我没希望了，我被抛弃了！瞧，我是差生，永远也不可能坐到前几排，老师当然也不会喜欢我！"这样一来，孩子也就不会再费劲儿地去努力学习了。

父母们都应当认识到，偏见是对孩子心灵的暴力，在教育孩子的问题上，家长不应对孩子抱有任何成见，任何时候都不该有"这孩子注定没出息"的错误思想。否则这种伤害孩子心灵的态度会严重伤害孩子的自尊心，既不能使孩子充满自信，也不利于孩子其他方面的发展和成长。

所以，如果一个平时调皮捣蛋的孩子，突然收敛了往日诸多"捣蛋"的行为，变得安静温顺起来，那么家长和老师就应该相信孩子的变化，赞赏孩子改变自己的勇气和他的上进心，因为这很可能是因为某件事情给他带来了触动。家长每天都应该以全新的眼光来看待孩子，千万不要用旧有的心态评判他们，要知道成长中的孩子可塑性极强，过去不等于现在，更不等于未来。

孩子在成长的过程中，可能会出现很多出人意料的转变，因此家长不要带着偏见教育孩子。要包容孩子，让孩子感受温暖、感受希望，这样孩子才能健康地成长。

孩子"不好"，也不能嫌弃

俗话说："孩子是自己的好。"父母往往觉得自己的孩子比较聪明、懂事，因此对自己的孩子多有赞赏。正因为如此，我们中国人又有一句古话："母不嫌子丑。"别人看来不好看或不聪明的孩子，在父母的眼中却总是聪明可爱的。

可是总有少部分父母恰恰相反，他们不但不去真正地关爱、鼓励自己的孩子，而是贬低孩子，甚至嫌弃孩子，不惜用负面的评语打击孩子的自信心。

这是一种令人痛心的行为。心理学研究表明，树立一个人的正面的自我意象（Selfimage）是形成孩子的正面人格、良好行为的前提。毁坏孩子在自己心目中的形象是让孩子走上歧路，成为败家之子的重要原因。心理学研究认为，这种"说你行，你就行，不行也行；说你不行，你就不行，行也不行"的现象，其原因就是孩子长期受到这些话语的影响，就会在心理形成正面或者负面的白我意象，久而久之，就会固化成为他们的行为特点了。如果嫌弃孩子，他就可能因此自暴自弃，真的变成笨拙的孩子甚至坏孩子了。

例如，每个父母都希望自己的孩子健康、聪明、漂亮。但是事实上这是很难的，世上哪有那么十全十美的孩子，那么十全十美的好事？另一方面，如果孩子有些天生的缺陷，再加上淘气不听话，父母除了痛心以外，甚至会有厌恶之感。

前几年的报纸曾经报道过一个中学生自杀的新闻：

那个自杀的孩子是一个中学生，他天生比较迟钝，但是性格倔强，而他的弟弟却长得与他全然不同，大脸大眼，一副聪明相。两人在一个学校读书，哥哥原比弟弟高两年级，后因功课一直学不好，三年内降了两级与弟弟同班。也许正是由于他读书读不进去，长得又没有弟弟好看，所以母亲对他产生了厌烦的感觉。每次看到他作业总是错误满篇，就会情不自禁地唠叨起来："我怎么会生出你这么一个又蠢又丑的笨蛋？我不知前世做了什么孽。"

这个孩子虽然迟钝，但是对这样的话还是听得懂的。因此他对自己前途完全失去了信心，再加上在家中得不到父母的疼爱，他竟吃安眠药自杀了。孩子死后，母亲十分伤心，但悔之晚矣！

我从前有一个邻居，他有一个儿子是天生的高度近视，看什么东西都要放在鼻子面前才看得清。母亲见了又气又恨，有时就骂："什么东西都要拿到鼻子底下去闻，瞎子！"

本来孩子天生视力不好，自己就很痛苦，结果母亲还要喊他瞎子，孩子心中更是痛苦和自卑，因而常一个人躲在外面痛哭。当然这样对孩子身心的发展都有很大的坏处。

父母没有不心疼自己的孩子的，正是这种心疼与忧虑使他们对孩子的某些缺陷更加感到无奈与怨恨，因而在生气时，或孩子不听话时，这种对上天不公的怨恨就发泄了出来。对于这种行为，我们做父母的人是可以理解的，然而它无意间对孩子心灵造成的伤害却是无法弥补的。所以，对待有天生缺陷，包括生理缺陷的孩子，父母应该更加耐心和细心，使他们时时感到温暖和帮助，并且克服和战胜那些缺陷给生活和学习上所带来的不利与不便。同时，父母为了鼓励孩子奋斗的勇气和增强对生活的信心，还应该更加细心和热情地去发现孩子的优点，发挥其长处。

一句话，父母绝不能嫌弃自己的孩子。

孩子生性有喜欢读书的和不喜欢读书的，有天生会读书的和不会读书的。但父母们总是喜欢用同一尺度去要求孩子，只希望自己的孩子会读书。如果有两个孩子，则要求两个孩子个个都会读书。能够这样当然很好，而且这样的孩子不是没有。我就认识两个教师，他们两家都是两个女儿，个个都会读书，不要父母操心劳神，高中一毕业就都考上了自己选择的大专院校。但是与同学院的其他教师的子女相比，他们这两家的子女毕竟是少数。更多的是不读书的孩子，或者是只有一个会读书的，有一两个不会读书的。

少壮不努力，老大徒伤悲。小时候不读书，将来又能干什么呢？父母总是要求孩子努力学习，哪怕他们自己当学生的时候属于不喜欢读书的那种。好好读书是天经地义、无可厚非的，因而父母喜爱会读书的孩子也是十分自然的事。

但是事与愿违，许多孩子却并不懂得这个道理，也不懂得读书对他们的重要性，却把读书当作苦差，不肯读书，一心贪玩儿，认为童年本也正是好玩儿的时候。他们上课不听讲，下课打闹，回家不做功课，不交作业。在学校里老师批评，回到家里，自然也要受到父母的责骂。骂无法产生效果，父母在伤心之余，难免有些嫌弃，甚至骂出一些过头的气话："人家屋里的琳琳，成绩样样百分，只有你期期不及格，把我的脸都丢尽了！我不知道怎么会生出你这种孩子！"或者说："你再要是不及格，你只有去死！"当然，骂归骂，实际上母亲并没有真的这样想，而且自己心里十分痛苦。

不过我们要指出的是，像这种恶意的威胁肯定会刺激孩子的心理。

因为大部分小孩子自出生开始都有一种潜在的不安感，唯恐父母不喜爱自己。孩子一旦有了双亲嫌弃他或不喜爱他的感觉，精神上便会产生不安定感，甚至会发展成无法弥补的不幸事件。

对孩子不要强求，更不要拿自己的孩子去与别人会读书的孩子相比。这样只会使孩子更加抬不起头来，变得阴郁，或者逼他走向反面——憎恨！

总之，父母应时刻记住：父母的一句话是能对孩子产生重大影响的。我们常听到的"你怎么这么笨"、"你的脑筋真差劲"这些责词的副作用很大，会使孩子自认为"脑筋差劲"，于是心灰意懒，什么事都不想做，更不想读书，对读好书没有信心。

所以不论是头脑还是容貌方面的缺点，都不应成为父母责骂孩子的题材。我们常见到这样一种母亲，那就是刀子嘴，豆腐心。是的，她们心疼自己的孩子，对孩子生活上关心备至。孩子在外面如果受了顽皮孩子的欺侮，她们会心疼得说不出话来，总要去讨一个公道。但是当她们自己的孩子不读书或不听话时，她们也什么话都骂得出，好像要骂了才痛快。因而她们时常骂些过头话："你怎么这么蠢呢？什么功课也不会做。你真是蠢死了！""这样蠢，还不如死了的好！真把我气死啦！"

骂过了，她自己气消了，对孩子又爱护如前。但是她不知道，也从未认识到她这种刀子嘴对孩子心灵的伤害有多大！所以，父母在责骂孩子时一定要冷静，要克制！

注意：父母要打持久战，不要犯冷热病。

日常生活中，年轻的父母常会因各种事情的影响而心理波动，心境、情绪不稳，并波及孩子身上。他们自觉不自觉地在心情好时，对孩子亲近爱怜、关怀备至；心情坏时，对孩子视如路人，或动辄训斥打骂，往孩子身上撒气。随自己的心情好恶变化而对孩子忽冷忽热，这就是所谓的"冷热病"。

"冷热病"的害处是：

1. 容易造成孩子的心情不稳定。孩子的心理容易受外界因素的干扰，父母心情的变化转而变成对孩子态度的变化，时间长了，会使孩子的心理不稳定，感情易冲动，脾气变化无常。

2. 容易使孩子优柔寡断。父母对孩子的态度不同，孩子不能完全明白。孩子没有做错什么事，却受到父母的冷遇或训斥，父母的反复无常会使孩子感到莫名其妙，有时又感到万般委屈，在父母面前无所适从。久而久之会造成孩子在言行上优柔寡断，遇事六神无主。

3. 容易使孩子对成人产生不正确的认识。父母对孩子时冷时热，往往使孩子认为大人们情绪古怪、不可信任、不值得尊敬，而疏远父母及其他人，看不起周围的成年人，容易养成孤僻、清高的性格。

冷热病如此有害，做父母的就应该注意少犯或不犯。不管自己的心情好坏、空闲还是忙碌，对孩子要一如既往，该指导的指导，该关心的关心，使孩子感到父母永远在爱着自己，关心着自己，从而给孩子一种稳定感、安全感和信任感。

孩子的自尊心万万不可伤

孩子总难免有一些缺点，会犯一些错误，而一些家长往往过分重视孩子的缺点和错误，动辄对孩子进行羞辱和讽刺，对孩子缺乏应有的尊重，以这种方式对待孩子的结果是，年纪小的会害怕、畏缩，年纪大的会心生反感、敌意，既达不到教育的效果，又造成了亲子间的疏离。

生活中，最常见的是父母因孩子成绩不好而责怪孩子、羞辱孩子。

贝贝是个小学四年级的孩子，他是班里的尖子生，但这次考试却因为马虎而失利了，数学只得了 69 分。拿到成绩单后，妈妈的脸马上沉了下来，她开始骂儿子："就这成绩，以后你可怎么办？""还说什么'尖子生'，我看是差等生吧！""我告诉你，以后再考这种成绩，你就别进门，废人！"

像这种责骂的方法，简直是毫无理性可言。孩子当然知道要用功，只是一时疏忽才考得不好，母亲怎能一生气就骂孩子"是差等生"呢？这实在是太过分了！

或许这一类的父母认为，这样也没什么大不了的，因为他们心想："儿子是自己的，即使骂得重了点，也不会怎么样，何况，如果不这么骂，他根本就不当一回事。"可是，他们没有想到，孩子自己却觉得人格受到轻视。不管怎样，这种责骂的方式，非常不明智。

其实，每个人都有被别人尊重的需求，不要以为孩子年龄小就不需要被尊重，教育学家早已告诉我们，伤害孩子的自尊心，是教育孩子的大忌。因为不尊重孩子不仅会使父母与孩子的关系疏远，还会使孩子尊严扫地，很难再以正常的心态去面对人与事，去面对自己的人生。

因此，真正懂得教育的父母，是绝对不会去伤害孩子的自尊心的，他们善于运用"尊子计"满足孩子的自尊心，更好地教育孩子。其实，这一点并不难理解：人都有一个特点，你说的事情让我内心满足，我当然愿意听你的，否则我为什么要听你的？孩子感觉到你尊重他，他就会听你的话；如果感觉到你不尊重他，他就很反感，当然就对你的话听不进去了。

别用消极比较"凌辱"孩子

　　包容就意味着尊重，开明的父母就是能用包容的手段维护孩子的自尊心，给孩子自信心的人。能包容的父母才会有聪明上进的孩子，那么要让孩子感受到你的包容、你的无条件的爱，首先要做到的就是别拿自己的孩子跟别的孩子比来比去。

　　丹尼尔是个内向的孩子，从小生活在祖父母身边，祖父母有他们自己的工作要做，没有多少时间注意丹尼尔，因此丹尼尔就越来越沉默了。整天一副心不在焉的样子。后来丹尼尔又回到了父母身边生活，但爸爸脾气暴躁，常常会责骂他。而让丹尼尔最难过的就是，爸爸总喜欢用比较来证明他有多没用。"你简直白活了 8 岁，看看你的成绩，真让我为你感到难过。你看看隔壁的唐纳德，他和你念同一年级，年龄比你小 2 岁，可成绩却是你的三倍！"丹尼尔的学校举行游园会，邀请家长一起参加，孩子们为家长表演了一场舞台剧，唐纳德是主角，他打扮成王子站在舞台中央，而丹尼尔则扮演一位端水的仆人，而且由于紧张，丹尼尔还在舞台上摔了一跤，惹得家长们哈哈大笑。回到家以后，丹尼尔的父亲又开始责骂起儿子来："怎么搞的？你为什么要在大庭广众之下丢人！看看人家唐纳德，打扮成漂漂亮亮的王子！你呢，卑微又丢脸的仆人！你为什么就不能学学唐纳德……"在父亲的责骂声中，丹尼尔脸色惨白地缩在椅子上，心里只有一个想法：杀死唐纳德！没有他，爸爸就不会再这样责骂自己了。两天后，丹尼尔偷出了爸爸的手枪，在学校里打死了唐纳德。悲剧发生后，丹尼尔的父母悲痛得不能自已，用爸爸的话说是："我是爱孩子的呀！只是他的怯懦让我无法容忍。比较也是为了让他进步啊！"

丹尼尔的父亲认为比较可以促进孩子进步，然而这只是他一厢情愿的想法。在丹尼尔看来，父亲的消极比较就是对他的否定，是厌憎他的表现。如果这位父亲当初能对孩子多一点包容，不要拿孩子比来比去，那么悲剧也就不会发生了。

生活中，我们常见到父母抱怨子女说："为什么莉莉考的比你好呢？""你看看人家童童，科科一百！你为什么就不能向好孩子学学？"

这就是父母常用的比较，他们习惯于拿他人的优点来比较自己孩子的缺点，也许他们是出于想要激励孩子的好心，但孩子脆弱的心理怎能承受如此的不被肯定，而且还是来自自己的父母。通常的结果是，比来比去，把孩子的自信心和自尊心都比没了。

有调查表明，近三分之二的家长喜欢夸奖别人的孩子。这样做往往出于不同的动机，有的是为了刺激孩子，让他为自己感到羞耻；有的是为了激励自己的孩子进步；有的纯属向自己的孩子发牢骚，嫌自己的孩子不争气。无论何种情况，只要家长的比较包含着对自己孩子的贬抑，都是对孩子自尊的一种伤害。

拿别人的优点来与孩子的弱点比较，是一种消极的比较法，只能在孩子心里播下自卑的种子。家长越比较，他就越会感到自己是个"无用的人"，从而陷入"自我无价值感"的深渊，产生对什么都不感兴趣、破罐子破摔的心理。

竞争是重大压力的来源之一，它会打击人的信心，使本来已有的能力无从发挥。因此，自小便培养孩子与人相比的想法是很不健康的，结果往往使孩子变得更脆弱更经不起挫折和失败。我们要注意的是培养孩子克服挫折和失败的勇气，而不是使其成为竞争的牺牲品。

当众揭短，孩子感觉很丢脸

孩子们会做错事，因为孩子们不可避免地会有缺点，而且这些缺点也正是造成他们挨骂或父母唠叨的原因。责骂也好，唠叨也好，最好就让它们停留在家庭的圈子里：母女之间、父子之间。

但有的父母有时喜欢对邻居和客人们讲："唉，我这个孩子就是不读书，功课总是不及格。"或者说："我这个孩子就是喜欢说谎，真是气死人！"父母这样说，也可能出于无心，只是一时气愤或心血来潮，或者说明自己责骂孩子的原因。不论是前者，还是后者，这样做都是不对的。这样在外人面前张扬孩子的缺点，丝毫无助于对孩子的教育，而只会伤害孩子的自尊心，使他无地自容，在人前抬不起头来。

另外，在邻居和几个好友相聚时，有的人喜欢对主人的孩子夸奖几句。这通常是一种客套。可有的母亲为了表示谦虚，在听到赞美时总爱说："唉，我这个孩子任性得很，不太听话！"或者是"都小学五年级了，还娇气得很，什么事都要做母亲的督促！"如果孩子没有这些毛病，为了谦虚，母亲这样说就不对，即使孩子真有这些缺点，也不应向外人张扬。

孩子到了一定的年龄，他们知道自己的缺点，他们有羞耻心。自己的缺点家人知道没有什么，但说与外人知道，面子上就觉得过不去了。因而这样会使孩子产生羞辱感，令他们自惭形秽。所以，父母在与外人交谈时，谈到自己的子女绝不要揭短。因为父母无意间向外人讲自己孩子的缺点，无异于向第三者说他并非是一个好孩子，极端不利于对孩子的教育和孩子的健康成长。相反地，作为父母对孩子的点滴进步要时刻加以肯定。譬如在外人赞美自己的孩子时，父母可以说："是的，我的孩子最近进步很大！"这样孩子觉得光彩，同时也会更加奋发向上具体应注意以下要点：

1. 不要否定孩子将来的发展

我们有的父母在孩子不听话、屡教不改，或者不认真读书、不做功课时，气急了，就会骂出一些令人泄气的话来："你是一个十足的废物！""你将来还会成个什么有用的人？鬼都不信！""你还想有什么作为，做梦！"

父母一时的气话却足以构成对孩子终身的伤害，因为它截断了孩子对自己将来的希望和美好的憧憬。一个人对前途失去了信心，一个没有前途的孩子，他还能好好读书吗？读了书干什么呢？

社会调查显示，不少青少年犯罪就是因为在家受到父母的藐视，产生了挫折感，于是产生了破罐子破摔的想法，因而自暴自弃。这是因为不论孩子的年龄大小，父母对他们前途的否定都会对他们造成极大的打击。尤其是稚龄的孩童，父母讲的话对他们更具有绝对的权威性。即使没有产生什么不良的具体行动，在人格上也会形成极大的负数。

一个人的前途是很难预料的。今天有许多企业家在30年前或者20年前还是农家子弟，有的甚至在念小学或中学时也是成绩不好的孩子。这是因为一个人的成长，除了取决于主观的因素外，还取决于外部条件和环境，那就是机遇。而一个人的才能又是多方面的，有的人不会读书，但可能精于经营。何况一个孩子未来的人生道路还长得很呢！一个人不管现在多么平淡无奇，只要对将来抱着"前途大有可为"的希望，就会激起无穷的力量。这也就是俗话所讲的："不要把人看扁了！""不要把话说绝了！"

2. 鼓励孩子争取成功

孩子面临一个新的挑战的时候，往往会对能否取得成功产生焦虑。焦虑是各种年龄的孩子都会产生的，父母的任务是采取有效措施，化解孩子的焦虑，增强孩子的成就动机，使孩子取得一个个成功。

要点如下：

（1）不要从负面去暗示孩子

孩子产生紧张或焦虑的时候，父母千万不要用自己的言行去暗示孩子，使他们更加紧张。孩子感到为难或焦虑的时候，父母应该使自己保持平静。比如孩子要去参加演出、比赛或考试，父母必须做到心平气和，既不要自己紧张，也不要老对孩子讲"别慌""别紧张"。研究证明，这一类的言语具有很大的暗示性，常常会使孩子更加紧张。

（2）用孩子的成功经历去鼓励孩子

父母要善于使用孩子过去的成功经验去鼓励孩子，这是很重要的。事实证明，成功的经验可以极大程度地加强一个人的成就动机，增强一个人克服困难的信心。当孩子面对一个新的挑战的时候，父母可以帮助他们回想起以前类似活动的成功体验。这类成功的经验与当前活动的时间越接近，这种激励作用就越大。

（3）给孩子一个惊喜

为了确保孩子成功，在必要的时候，父母可以给孩子一个意想不到的奖励，比如送给他一本新图书，或请他吃一顿快餐，或给他买一样他很希望得到的物品等。这对于缓解孩子的紧张情绪、增强成功的动力都是很有效果的。

孩子的不满，不能一味压制

看见自己的孩子在众人面前"脾气发作"，对父母来说是很件很难为情的事情。一般情况下，当孩子当众有异常表现的时候，父母首先想到的是自己的面子，却很少有父母真正地去关心孩子此时的心情和情感需要。因此，父母便会对孩子的行为很快地加以压制。

实际上，这样做是不对的。作为训练有素的成年人，在父母的脑海中有成套的规矩，什么样的行为是可以接受的，什么样的行为是不应该发生的。在情感表达上父母也有明确的概念，什么样的情感是值得赞扬的，什么样的情感是不应该存在的。

而孩子却没有形成这样的概念。比如，孩子在 2 岁左右爱发脾气是一种正常现象。因为这一年龄段的孩子易冲动，自制力差，对挫折的容忍程度是有限的。孩子要到外面玩，父母不允许，为什么不允许，他不明白，有可能就要通过发脾气的方式表达自己的感情。而 4 岁以上的孩子，对挫折有了一定的控制能力，初步明白了一些事理，假如还频频哭闹、经常发脾气，那么其原因大多数在父母身上。

父母应该明白：发脾气是孩子正常的情绪宣泄，要允许孩子发发小脾气，但更要找到孩子发脾气的原因及安抚孩子。

雯雯一向很固执，对自己认准的事决不回头。假如不如意就发脾气，找理由哭闹，妈妈对此感到非常头疼，总是提防着她的坏脾气爆发。

妈妈经常对朋友说："我家雯雯一般都很乖，就是脾气一上来，怎么说，怎么劝都不行，真是软硬不吃。"一天，一位朋友说："她总是有原因的吧？不会无缘无故就哭闹吧？"

妈妈留心观察，发现雯雯总是在父母不耐心或有恼怒表情后开始"发怒"，而且纠缠不清。妈妈翻开一些育儿书来看，其中讲到孩子对归属感的寻求，不禁有些醒悟。或许雯雯看到父母生气，会想到他们不再爱他，因此，有危机感，因而恐慌而暴怒？

找到原因就好办了。有一次雯雯又闹起来，这次妈妈没有训斥或表现出厌烦，而是和颜悦色地拥抱着雯雯说："妈妈知道你心里难过，能不能告诉妈妈为什么难过呢？"这样问了一阵，雯雯终于吞吞吐吐地说："我看你刚才生气，以为你不喜欢我了。"

"傻孩子，妈妈怎么会不喜欢你，刚才妈妈情绪不好，因此，对你态度也就不好了。可是妈妈是喜欢你的，你要相信妈妈。"这样以后每当雯雯有迹象要发怒时，妈妈首先向雯雯声明她喜爱雯雯。这的确使雯雯平静了很多，不再没完没了地"找麻烦"了。

孩子脾气发作，不仅严重损伤孩子的情绪与生理状态，而且也使父母狼狈不堪，感到十分棘手。因此，父母要想方设法制止孩子哭闹、发脾气。怎样制止呢？一定要根据发脾气的原因"对症下药"，方能奏效。就像案例中的雯雯妈妈，妈妈发现雯雯发脾气的原因是因为孩子担心妈妈忽视了自己，找到了孩子发脾气的原因，也找到了减少孩子发脾气的办法。

孩子的喜怒哀乐等情绪体验是毫无掩饰的，他们敢爱、敢恨、敢说、敢笑，这是孩子心理的一种优势，一种使得孩子能及时宣泄各种情绪能量的优势，他们自然流露这些情绪并不是什么可耻的事情，只要不扰乱他人的正常学习与生活，不伤及他人，就没有什么对和错之分。并且父母要鼓励孩子这样做。父母只有细心地观察孩子，理解孩子，允许孩子自由地表现，在理解的基础上进行引导，才能保证孩子的健康成长。

怎样了解的孩子的情绪呢？

1.给孩子发脾气的权利。如果孩子正为某事在气头上，要允许他发脾气。父母不妨先坐下，安静地等待孩子，安静地看着孩子，不去打断他的怒气，全神贯注地关注孩子，这等于告诉孩子：你是被我在意的，我在认真地注意你的感觉或问题。给孩子发脾气的权力，有助于孩子宣泄心理能量，也是对孩子关爱的表达。

2.父母自己不要经常发脾气。当父母火冒三丈时，要注意孩子很可能会模仿这种处理问题的方式。假如父母动辄勃然大怒，又怎能期望孩子控制好情绪呢？因此，为了培养孩子良好的性格，不乱发脾气，父母一定要以身作则，为孩子创设一个良好的家庭环境氛围，让孩子保持积极情绪，学会控制不良情绪的爆发。

3.父母的教育态度要一致。当孩子发脾气时，千万不要在成人中间形成几派，有人不理睬，有人去哄劝，有人离孩子而去，还有人跑到孩子面前讨好，更不要当着孩子争论。成人彼此之间一定要沟通好，一旦孩子发作，全家人采取一致的态度。否则他就会更加哭闹不止。

4.满足孩子的生理与心理需要。孩子处于饥饿与疲劳状态时，易发脾气。这一点父母都很清楚，但对孩子心理需要却重视不够。孩子有游戏与交友的需要，父母对此能否正确对待，对孩子是否发脾气有很大影响。还要培养孩子的广泛兴趣与爱好，在不影响孩子学习的前提下，可引导孩子学习绘画、下棋、弹琴等，以逐步培养孩子豁达的性格。

5.转移孩子的注意力与松弛训练。在孩子生气时，父母除了表示对他理解与关怀外，还要尽量转移他的注意力，引导他做些愉快的事情。对大一些的孩子可通过各种体育活动来达到其精神与身体的放松。有规律的深呼吸也有助于孩子身心松弛。

6.及早发现孩子发脾气的苗头。发现孩子发脾气的苗头后，父母要鼓励孩子把心中的不快倾吐出来。一旦发现孩子的情绪有导向发怒的可能，父母应立即提醒他。并搞清哪些事情正在困扰着孩子，并向孩子提供一定的帮助。

7.让孩子有适当发泄的机会。假如孩子的坏脾气已经形成，第一，可以采取冷处理方式，在其发脾气时故意忽视不理，让他慢慢冷静下来。第二，可以选择适当的方式让他发泄出来。如通过交谈帮助孩子把怒气宣泄出来，或者让孩子去跑步，或去大声地唱歌等。

给予孩子更多关注和肯定

有些的孩子走路总是低着头，不敢与人主动打招呼；不敢当众发言，怕引起别人的注意，而且也不敢正视别人，说话低声细语，整天愁眉苦脸，父母因此忧虑不已：孩子这么自卑，以后怎么跟人打交道啊！

其实，这些孩子也讨厌自己畏畏缩缩的样子，在内心深处，他们甚至比普通孩子更加渴望得到父母和老师的表扬和关注。因此，如果爸爸能够给予孩子更多的肯定和关注，让孩子喜欢自己，那么孩子自然而然就会大变样。

有一个孩子，从小就特别害羞，爸爸还曾取笑他："我的这个儿子简直比女孩还要害羞！"孩子渐渐长大了，他的害羞的情绪好像更强烈了，看到陌生人不敢说话，路上遇见老师同学都要躲着走，爸爸很生气，骂儿子没出息："连和人打招呼都不敢，以后能有什么用啊！"爸爸失望地说。孩子在日记中写道："现实中，我是一个没用的孩子，害羞、内向、胆怯，什么也不行！可是我多么渴望自己能像同学们那样啊！神采飞扬地演讲，大声地说笑，在运动会上拼搏，在同学的加油声中飞跑……我真讨厌现在的自己！"

教育学家告诉我们，孩子的自卑心理是可以调整的，自卑的孩子需要鼓励、需要肯定。如果父母、老师能够多给这些孩子一些关注，让他们悦纳自己，不再厌恶自己，那么这些孩子就会变得更快乐、更自信！

那么，爸爸们应该怎么做呢？

1. 给孩子更多的关注

自卑的孩子其实渴望别人的关怀和关注，特别是老师和家长的关注。所以，我们应适时地满足孩子的心理需求。

萧萧长相不出众，胆小畏缩，上课很少回答问题，喜欢一个人在教室里呆坐。在一次手工课上，老师让大家做纸飞机，萧萧一点也不会，老师过去教他，可他还是不会。全班小朋友一起喊："老师！让萧萧上台去做。"老师原本怕伤了他的自尊心，正打算制止他们，却见萧萧显示出从没有过的开心，和同学推挤嬉笑。老师顿然明白，萧萧的自卑也许正是因为从来没有像今天这样备受关注。

这个故事很值得深思，爸爸们应该从中得到领悟，多给孩子一些关注，他会逐渐懂得肯定自己的价值。

2. 多给自卑的孩子一点表扬

对自卑的孩子，爸爸要适当降低对他的要求，不要太过苛求孩子。对他们正在做的好事或平时的点滴进步，都应及时予以表扬或肯定。

瑶瑶是个自卑的孩子，一次，瑶瑶在画纸上画了一个会飞的小人，一起玩的小朋友看了哈哈大笑，都说瑶瑶笨！瑶瑶低着头，脸红红的。这时爸爸拿起瑶瑶的画，脸上露出满意的表情说："瑶瑶的想象力真丰富，她是画了一个外国的小朋友，飞来我们这个城市玩的，爸爸猜对了吗，瑶瑶？"瑶瑶深深地点了点头。小伙伴们走了以后，瑶瑶跑到爸爸面前说："爸爸，谢谢你！"听到瑶瑶的这句话，爸爸很高兴，因为孩子的肯定是最珍贵的。当然，需要强调的是，你应该让孩子觉得：你对他的表扬完全是诚恳的，而不是应付的、客套的，这样孩子才会真正相信自己是值得别人喜爱的。

3. 多帮孩子肯定自己

自卑的孩子，心中的自我肯定往往也是脆弱的，因此极需要得到父母经常不断地强化。强化孩子自我肯定的方法很多，比如：可让孩子为自己记一本进步手册，并告诉孩子，所谓"进步"，并不一定非得是了不起的成就，任何小小进步，以及为这种进步所做出的任何小小努力，都有资格记载入册；爸爸也可为孩子准备一些小小的奖品，如钢笔、玩具、CD 等，每当孩子做出了一件令他自己感到自豪的事或一点成绩，你就以奖品鼓励他；你还可以教孩子不断地对自己做正面的暗示，比如，当孩子遇到困难踌躇畏缩时，你不妨让孩子自己鼓励自己："这没什么了不起的，你一定能行的！"

记住，家长的肯定就是医治孩子自卑心理的灵丹妙药，这种肯定会使他们对自己有个全新的认识，并慢慢地找到信心。

注意！那些有意无意的心理虐待

心理学上有一个术语叫心理虐待。把心理虐待一词用在父母身上有些耸人听闻，其中一些虐待是故意的，法律上明确规定了的，比如毒打；有些则是没有明确的法律规定的，但是这些行为对孩子的身心发展很不利，我们也称之为虐待，包括精神上的虐待。

所谓"心理虐待"又称"心灵施暴"或"情感虐待"，是指那种在幼儿教育过程中有意无意地、经常性或习惯性地发生的伤害性的言行。心理虐待对儿童造成的伤害不像体罚那样显现在外表，在短期内难以看到其负面影响，因此不易引起人们的注意，更难以对其进行量的统计。然而心理虐待给儿童造成的伤害与体罚一样严重，甚至还大于体罚所造成的伤害。

目前最令人悲哀的是这样一种现象：父母往往物质上对孩子无微不至，而在心理上对孩子却很吝惜，甚至刻薄。

例如以下的做法，对孩子的精神发展非常不利。

1. 对孩子冷漠

爱的剥夺对孩子的心灵伤害至深。有的父母不缺孩子的吃穿，却对孩子不管不问，不拥抱孩子，不和孩子一起玩儿，视孩子为负担，把孩子扔给保姆或者爷爷奶奶。这样的条件下长大的孩子感到生活根本就没有意义，对人缺乏信任，冷漠，破坏欲强，容易和其他遭遇相似的孩子混在一起，形成犯罪小团伙，也容易被其他的成年犯罪分子所谓的关心拉下水。一个缺衣少食、干重活的孩子，如果有温暖的家庭，不会造成心理上的不健康，而如果情况相反，孩子的人格发展极有可能出现问题。对孩子幼小的心灵来说，"有奶未必是就是娘"。

2. 隔离孩子

美国曾经有一个极端的案例：一个出生后 1 年多就被关在小厕所的女孩，在 10 多岁被发现时，身体发育、智力发育只相当于几岁的孩子，连说话都不会。现在有些父母担心孩子出外不安全，把孩子关在家里，孩子孤单得不得了。在幼儿园、小学阶段，孩子们就可能受到人际关系问题的困扰。

3. 剥夺孩子玩游戏的权力

孩子的天性就是爱玩游戏，在游戏中，孩子得到快乐。现在的父母往往对子女期望很高，让孩子每天都是要么做作业，要么参加各种各样的辅导班，让孩子每天忙得喘不过气。不让孩子玩儿的另一个后果是导致孩子厌倦学习。父母剥夺了孩子游戏的快乐，也使得学习中发现新知识的快乐变成了负担。

4. 忽略孩子的进步

在孩子看来，每当他取得一点进步，就值得好好高兴一番。有的父母不懂从孩子的角度来看问题，或者担心孩子听到表扬之后骄傲，就老是批评孩子，不把孩子的进步当回事儿。久而久之，孩子也会认为自己真是没有用，丧失进步的动力。

5. 损伤孩子自尊

有些父母在孩子的同伴面前，毫不留情地数落孩子，揭孩子的短，让孩子感到无地自容，这也容易让自己的孩子成为小伙伴们嘲笑的对象。社会心理学有个术语叫作"标签效应"，意思是说，对人的看法就像给人贴了一个标签一样，使得此人以后做出与标签相符合的行为。父母当众说孩子调皮不听话，就是给孩子贴一个标签，以后即使孩子有了改变，别人对孩子的看法还是很难改变。

6. 迁怒于孩子

有的夫妻因爱成仇，离婚后不许孩子和另一方接触，在孩子面前辱骂另一方。孩子看到自己最亲爱的两个人如此相待，哪里还会相信有真正的关爱？还有的夫妻每当看到孩子就想起对方，不由得怒从心中来，责骂孩子，孩子会觉得自己是多余的。这样的孩子缺乏安全感，容易出现行为问题，将来到了谈婚论嫁的年龄，虽然心中渴望爱情，但是又心怀恐惧，在感情问题上非常敏感，也容易出现问题。

7. 破坏孩子心爱的东西

小孩子往往有个百宝箱，里面装满了他心爱的东西。另外，孩子对小动物的喜爱、亲近更是一种天性。父母在看待这些东西时，往往会觉得那简直就是一堆破烂。

有的父母不仅自己动手，有时还逼着孩子亲自扔掉、破坏掉这些东西。现在的孩子多有玩具、宠物，有时候扮演了孩子的朋友的角色，孩子无微不至地照顾宠物，对玩具娃娃小心呵护，实际上是在锻炼如何去关爱。

很多父母都抱怨，孩子长大后不知道如何爱别人，不懂得体贴别人，却没有想一想，在孩子小的时候，父母有没有有意识地引导他如何关爱？

不要以为心理虐待没有什么要紧，其实这造成的伤害甚至还大于体罚所造成的伤害。缺乏父母关怀爱抚和鼓励的幼儿比遭到父母体罚的幼儿，其心灵所受到的创伤更深，智力和心理发展所受的损失更大。遭受心理虐待的孩子更容易误入歧途，诱发严重的社会问题。

第四章

家长精神专制，酿成"腐烂的脐带"

　　早在中国家长陶醉于"家长专制"的迷魂汤中不能自拔时，西方的哲人就已揭开了家长专制的画皮。康德称家长制为"可以想象的最大的专制主义"。父母"唯我独尊"的高压，会使孩子产生了唯唯诺诺的心理，这让他们以后如何创造性地解决问题、处理问题呢？

简单粗暴，亲子教育之殇

一个小学生，只有 8 岁，父母要他学钢琴。每天下午放学，就必须先练一个小时钢琴，然后做功课。星期天更是得忙上一上午补习班，下午还要上教师家里学琴。孩子对弹琴没有兴趣，他看见钢琴就厌恶，他几次想把钢琴毁掉，几次反抗，"我不弹，我不要学。你打死我，我也弹不好！"但父母却不顾孩子的兴趣与反抗，一定要孩子学，"已经学了两年了，花了这么多钱？你应该争气，把琴学好！今后每天不弹熟练习曲，就不许出去玩儿！"

孩子无奈，为了断掉父母要他学琴的念头，有一天在放学回家时，他用石头砸断了自己的一根手指。

孩子没有兴趣，没有学习的要求，父母只是管束、训斥和强迫，孩子是不可能学好的。而且时间长了，孩子还会滋生反感、厌恶情绪，以致消极对抗。这样的事我们见过和听过的都很多。那就是：你一定要我画，我就乱画；父母一来检查，画的都是圆圈圈，字写得东倒西歪……这还是好的，老实的。

孩子是需要从小培养的，儿童的智力也应该从幼儿时开始启发，但起码应该先从培养儿童的兴趣着手，而兴趣又是因人而异，绝不能由父母来主观决定或强加在孩子的身上。在幼儿时期，做父母的可以鼓励孩子们学习和接触各种事物——画画、写字、弹琴、跳舞、武术等，启发孩子的兴趣，让他们自己产生学习的要求。只有当孩子们愿意学习时，他们才能把坐在桌前画画、写字、坐在琴前弹琴当作一件乐事，一两个小时还嫌少，他们的学习也才会进步。

反之，没有自觉的要求，即使可以强迫一个时期，也不可能持久。这是因为一个人不论做什么事情和学习什么东西，只有当他把自己的身心都投入到那件事情上时，才能做好或学好。

遗憾的是，受传统文化影响，很多家长在教育子女的过程中，不知不觉地成了一名"暴君"。这些"暴君"往往是更看重自己的"权威"，常以"皇阿玛""皇额娘"的身份、用命令的口气让孩子听命于自己；孩子的一切事情都由自己说了算，不允许孩子有自己的意见，不允许孩子做出自己的选择；不提供给孩子可自由支配的时间和空间；孩子如果不听话，就会遭到严厉的训斥或惩罚。

这种专制型的做法会给孩子带来什么呢？

首先，孩子感觉不到来自父母的爱。他们根本理解不了父母为何什么事都要管着自己，他们会觉得自己就像玩具一样被父母操弄着。

其次，孩子会从内心深处生出对父母权威的惧怕，进而产生恐惧心理和压抑感，久而久之，容易使孩子形成胆小、怯懦、乖僻、冷漠的性格。这种影响会严重到形成对孩子生活的控制，甚至延续至孩子的成年。

再次，这种专制型的做法，容易使孩子产生抵触情绪，与家长形成情感对立，甚至产生逆反心理。这是很糟糕的事情，在这个过程中，孩子的乖巧行为更多是出于害怕惩罚，并不是真的"心悦诚服"。因此，他们无法培养起自身内在的控制力，一旦控制者转过身去，被控制的孩子就会像脱缰的野马。前面提到的那个 8 岁的孩子，很显然就是过早地产生了逆反心理。

最糟糕的，以"专制"为主体的教养方式，根本就起不到教育的良好作用。首先，它会让父母更专注于消除孩子的缺点，因而往往忽略了孩子的优点，孩子长期得不到赏识、鼓励，这对他们的自信成长是莫大的打击；其次，由于父母注重的只是惩罚孩子，使得他们不会去学习采用其他更为适当的方法来纠正孩子的不良行为，而那些方法原本就能减少惩罚孩子的必要性。由于专制型的教育不把孩子当作个性独立的个体来对待，因此这种教养方式难以唤起父母与孩子之间的共鸣，形不成各自内心的美好体验，即使在严厉的责罚背后有着一颗温柔的心。

而在孩子幼稚的心里，这样的爸妈就像是可怕的"独裁者"，他们在严格的要求下，没有自己的时间和空间，没有为自己申辩的机会，甚至连交朋友的权利都没有。不难想象，在这种环境中成长起来的孩子，内心该是多么的无奈和沮丧，又有多少孩子因此越发叛逆，终至堕落。

很多家长们应该清醒了！不要让"专制"这把刀砍伤孩子。所有的家长都应该认识到，教养孩子不是你对孩子做的事情，而是你与孩子一起进行的一个学习过程。不要再以为，管好孩子，让他顺着自己的意愿行事，按照自己安排的道路行进，就是最好的教育方法。

孩子是没有定型的、正在成长中的人，在父母面前，他们处于弱势地位，但他们同时又有自己的思想、自己的感情、自己的个性，并且有着巨大的潜能，你一味操控，那么这把专制之刀就势必会给孩子造成深深的伤害。

所以爸爸妈妈们，请尽快放下手中的利刃，做民主型的家长吧！

别要求孩子做顺从的羔羊

一些父母在生活中总是简单粗暴地对待孩子，孩子的一些想法行为，只要是自己不喜欢的，一律用高压压制、"改造"。结果，孩子表面上对父母唯命是从，但心里却对父母感到怨恨、恐惧、不满。其实，父母应该明白，孩子有自己的想法是一件很正常的事，应该认真考虑孩子的感受。如果孩子真的有问题，父母可以以朋友谈天的方式与孩子交换一下看法，让孩子心甘情愿地接受你的意见。

大刚和几个好朋友约好了，周六晚上都去同学王磊家，下下围棋，同时也商量一下升学考试的事情。吃过晚饭，他要出门时，爸爸却大声呵斥："晚上到哪儿去？不许去，给我在家里待着！""他去和同学商量考试的事。"一旁的妈妈替大刚解释，可是爸爸仍然声色俱厉："升学的事和同学有什么好商量的？用不着！开家长会的时候，我跟班主任已研究定了，你只要好好念书，考高分就成了。"爸爸教训完大刚，又转过脸来冲着妈妈喊："就是你纵容他，惯得简直不像话！在这个家，我是老子，我说了算数！"

大刚的心里难过极了，不仅仅是由于爸爸的阻拦使他在同学面前失了约而难过，也为爸爸如此的粗暴专制而难过。其实，他知道爸爸也是疼他的，有一次他生病时，是爸爸背着他跑到医院。可是，大刚就是受不了爸爸对他自己的事情的粗暴干涉。所以好多时候，他心里有事，宁愿憋着，也不跟爸爸讲，免得又招爸爸的责骂。

简单粗暴也是不文明的表现。谁都不会喜欢专制的领导或同伴。子女对专制的父母同样也是反感的，尽管表面上可能表现得"百依百顺"。

用简单粗暴的方式去解决问题往往把好事弄成坏事，成事不足，败事有余。事后不少父母也后悔莫及，但由于未下大决心克服这种毛病，后悔归后悔，再遇事又旧病复发，弄得孩子见父母如同老鼠见猫，何谈沟通交流，更何谈父母子女之爱？

自然，父母不允许孩子做的事，大都是有道理有理由的，可是没有多少道理或者干脆不讲道理的也大有人在。但是对孩子，无论是在什么情况下，用粗暴、将帅式的语言、态度只会伤害孩子的自尊心，引起孩子更激烈的反抗。

因此，我们建议家长用对等计教育孩子，不要对孩子专制粗暴，应该多站在孩子的角度想问题。要知道孩子的思维方式和成人的思维方式是不同的，家长应该抱着平等的态度，丢掉成年人的认识框架，以孩子的眼光来理解他们的世界，并给予引导，那么亲子关系一定会和谐得多。

两代人之间有太多的不同看法，父母不能因为自己觉得不合理，就粗暴地压制孩子。教子应该是努力启迪和教育孩子，让孩子健康自然地发展，粗暴地强迫孩子如何如何，效果一定不会好。在这个故事中，妈妈认识到粗暴的命令是毫无意义的，自己应该理解女儿的做法，从女儿的角度思考问题，这样才能圆满解决矛盾。

孔子曾说："鞭扑之子，不从父之教。"也就是说被鞭子打过的孩子，不会听从父母的教导。简单粗暴的专制管教形式，是无法让孩子真正心服的。父母们遇到具体事情时，应当多和孩子协商、讨论，而在讨论具体的问题时，父母不妨多一些幽默感，不要压抑、限制孩子的愿望。对孩子提出的合理要求、愿望尽可能地去满足；对孩子的一些无伤大雅的"出轨"行为睁一只眼、闭一只眼，对孩子的合理建议要认真采纳等等。总之，父母一定要平等、民主地对待孩子，这样孩子才会爱戴父母，才会生活得毫无压抑感。

对孩子"出格"的想法与行为，要尽可能地宽容谅解，把孩子当成独立的个体看待，不要粗暴地管制孩子。如果你能让孩子把你当成亲密的朋友，那么你就算得上是称职、开明的父母了。

允许孩子发出自己的声音

生活中，许多家长对孩子讲话时总是用训斥的口气，要求孩子做事情时则用命令的方式，但在孩子想说话时，家长不是粗暴地打断，就是不理不睬。这是很糟糕的情况，孩子虽小，但也有自己的想法和主张，因此家长应该改变自己的专制作风，孩子需要的是可以平等进行语言交往的伙伴。

在中国的许多家庭里，有个很奇怪的现象。一方面，父母对孩子很娇惯，对孩子的物质要求有求必应；另一方面，父母却从不把孩子当作一个有思想、有主见的人，也不考虑对孩子的做法是否恰当，孩子可能会有什么想法。因为他们是家长，就似乎一切做法都是应该的、合理的。

这样在孩子身上会产生一种什么样的后果呢？

有一个孩子叫亮亮，他已经是小学五年级的学生，马上就要升中学了。可是，他却不善于语言表达，在众人面前，一说话就脸红。

孩子为什么会这么忸怩呢？

原来亮亮的父母有一套教育、管理孩子的办法。

有客人来亮亮家做客，亮亮的父母要求孩子要有礼貌，要懂事，大人们说话时，小孩子不许乱插嘴，最好是到别的地方去玩，让大人们清静地说话。

即使是只有一家三口的时候，亮亮的话也时常被打断。比如，当孩子兴高采烈地说着什么时，父母却要不时地打断孩子，纠正他的发音、用词，或者批评他的某个想法等，令孩子兴味全无。

即使是成人，当自己的发言屡遭别人打断或反驳时，也会兴致大伤，缄口不言。因此，这种做法必然会影响孩子个性和能力的发展。

多数孩子逐渐变得不愿独立思考、自主行事。这很自然，既然动脑子出主意受到批评指责，又何必自讨苦吃呢？

可是，正如例子中所说的，家长不时地打断孩子的讲话，甚至阻止孩子讲话，不给孩子发言的机会，不把孩子当成有思想的人，也就不会用心去体会孩子的思想，去了解孩子内心的想法，而他们还会认为自己是尽到了他们管教子女的责任。

于是到后来，这样的父母往往会抱怨说：

"这孩子怎么不像别人家的小孩那么灵？"

"这孩子怎么反应这么迟钝啊！"

"这孩子真倔，什么都自己做主，从不听大人的意见。"

"他一点儿主见也没有，到底该怎么办，他自己竟然不知道。"

这能怪谁呢？这是自食其果。

　　父母打断孩子的话，或阻止孩子讲话，使孩子的思想表达不出来，使孩子的意见不能发表出来，这样父母不能了解孩子，给予孩子恰当的指导，对孩子成长极为不利。一些孩子变得不善口头表达，变得没有主见、怯懦、退缩；而另外一些孩子却变得独断、盲动，听不进别人的意见。

　　另外还有一种情况就是，孩子在受到批评、指责时，他们的解释和辩解常常被这样的话打断："你不要辩解了，这没用""你还敢嘴硬""你又开始撒谎"。

　　这些话几乎在很多家庭和学校都可以听到。人们习以为常，不再奇怪。但是有没有父母想过，孩子在受到批评和责骂时，他为什么不能辩解呢？

　　在这种情况下，孩子一般会本能地产生委屈的感觉，进而伤心、怨恨。他会把这种委屈发泄到其他的对象上，或者去想各种好玩的事情来摆脱这种情绪。这往往就是导致孩子淘气的原因。

　　教育专家认为，孩子要对某件事进行辩解，而时机又不合适，明智的父母应该这样说："对不起，现在我很忙，但我一定会听你的解释，等我有时间咱们再慢慢谈，好吗？"想想吧，这对孩子来说无疑是大旱甘霖，他不但不委屈、怨恨，反而信心大增，并会想自己是不是有什么地方的确做得不妥。

　　从现实的方面讲，难道有哪位父母真的希望孩子长大以后遇到类似的情况而不辩解吗？不，那时他的母亲一定会气愤地说："你为什么不辩解？你是哑巴吗？"

　　孩子的这种权利受到尊重，一般会增强他的自信心和荣誉感，他反而会注意别人的权利是否也被自己尊重，从而自治能力增强。

　　因此，家长应当把孩子当成是一个有思想的独立个体，给孩子对等的地位，尊重孩子说话的权利。教育学家认为，只有平等的、民主的家庭才能产生具有独立意识、乐观积极的孩子，而专制的家庭只能培养出唯唯诺诺的庸才。

有一个孩子内向、胆怯，他的父母很头疼。后来心理医生建议这对父母在与孩子沟通时，运用对等的手段，就是说把孩子当成与自己地位相等的人一样来尊重，鼓励孩子说话。这对父母半信半疑地试了一段时间后，惊喜地发现孩子的话多了起来，老师也告诉他们，孩子在学校里也比较敢于表达自己的意见了。

父母应真正地给予孩子平等的地位，不打断孩子的讲话，给孩子发言的机会，把孩子当成有思想的人，用心体会孩子的思想，了解孩子内心的想法，这才是真正尽到了教育子女的责任。

开明的父母应该给孩子对等的地位，鼓励孩子发言，锻炼孩子的语言表达能力，让亲子之间顺畅沟通。

给予孩子合理争辩的权利

父母在教育孩子时，往往会遇到孩子回嘴、反驳、顶撞等。面对这种争辩，做父母的该如何处理呢？明智的做法是给孩子争辩的权利，认真地听取争辩。这样做，主要的好处有两个：其一，从孩子的争辩中，做父母的可以了解到其发生某种错误行为的背景、条件以及心理动机等，针对性地进行有成效的教育；其二，让孩子争辩，也就为做父母的树了一面镜子，父母通过听取子女的争辩检验自己的教育方法是否得当，说的是否在理，发现不妥之处可以及时的调整。

孩子争辩时，常常是他们最得意时。这时也是孩子最来劲儿、最高兴、最认真的时候，对他们的大脑发育是有好处的。同时，这样还可以营造家庭的民主气氛，增加孩子各方面的能力。研究发现，这样的孩子具有很强的交际能力与其他方面的能力，对将来的发展是大有好处的。

因此，父母应该树立一种观念，允许孩子争辩，这不是什么丢面子的事。父母认为，假如允许孩子争辩，孩子就会不听话，不尊重自己，让自己为难，这种想法是极为不正确的。允许孩子争辩，对两代人都有好处，因此，父母要善于研究学习，让争辩发挥更大、更好的作用。

当然，允许孩子争辩是应遵守规则的，换言之，就是不允许他们胡搅蛮缠，随心所欲，而是在讲道理的基础上进行的。假如孩子违反了争辩的规则，父母自然应该回以制止。值得提醒的是，父母是规则的制定者，因此，在制定规则时要从实际出发，合乎孩子的情况，合乎一般的道理，否则，这种争辩就是不平等的。

很多父母的实践说明，教育孩子时，允许孩子争辩，孩子常常会讲出一通令父母受益的道理来。

给孩子争辩的权利，这对很多做父母的来说并非轻易就能做到的，他们在教育孩子的时候，往往是只能我说你听，哪能容孩子争辩。因此，给孩子争辩的权利，需要做父母的克服自以为是，唯我是从，只准说是，不准说不的单向说教的思维定式，换上尊重孩子，鼓励争辩，勇于自以为非，善于双向交流的思维方式；改变轻则呵斥，重则棍棒的粗暴行为，养成重科学，讲民主，以理服人的良好规范。

心理学家经过科学调查得出了这样的结论：能够同父母进行真正争辩

的孩子，在今后的日常生活中，会比较自信、富有创造力、合群。

因此，父母应该为孩子的争辩创造一种宽松、平等的氛围。在争辩的过程中，父母应循循善诱、以理服人，不要以为孩子与父母争辩是对父辈的不敬。

如何提高孩子的争辩能力呢？

1. 刺激孩子智力的发展。孩子勇于与父母争辩的直接原因是他们语言能力的进步与参与意识的觉醒。在争论的时候，孩子必须根据自己对环境的观察分析，选择、运用学到的词汇与表达的方式，试图有条理地表达自己的欲望，挑战父母。这无疑有利于刺激孩子语言能力的发展。

2. 帮助孩子形成意志。争执能帮助孩子变得自信与独立。在对抗中的孩子感觉到自己受到重视，知道怎样才能贯彻自己的意志。孩子与父母争辩后注意到，"父母并非总是正确的。"辩论的"胜利"，无疑使孩子获得一种快感与成就感，既让孩子有了估量自己能力的机会，也锻炼了他们的意志力。

尽量把选择权交还给孩子

生活中，父母们总是喜欢依据自己的意愿来为孩子做选择：让孩子学钢琴，让孩子学舞蹈，让孩子学理工科，让孩子考大学……几乎很少有家长会询问孩子的志愿，尊重孩子的兴趣和理想，因此亲子之间常出现矛盾。父母抱怨孩子不理解自己的苦心，孩子指责父母干涉自己的自由，于是关系越闹越僵。

父母带着女儿到餐厅用餐，服务生先问母亲点什么，接着问父亲点什么，之后问坐在一边的小女儿："小姑娘，你要点儿什么呢？"女孩说："我想要水果沙拉。"

尊重孩子的父母是最受欢迎的父母。"不可以，今天你要吃三明治。"妈妈非常坚决地说。"再给她一点生菜。"女孩的父亲补充说。

服务生并没有理会父母的话，仍旧注视着女孩问："亲爱的，你都喜欢什么水果呢？"

"哦，西红柿、苹果，还有……"她停下来怯怯地看一眼父母，服务生一直微笑着耐心等着她。女孩在服务生的目光鼓励下说："还要多放一点沙拉酱。"

服务生径直走进厨房，留下目瞪口呆的父母。

这顿饭小女孩吃得很开心，回家的路上，她还在不停地说啊笑啊，最后，她走近爸爸妈妈，开心地说："你们知道吗？原来我也能够受到他的重视。"

可以想象，这个服务生给女孩带来了平等和自尊，更给女孩的父母上了意义深远的一课。那就是，孩子有自己的兴趣爱好，孩子的选择同样需要被尊重。

有一位父亲，他是一个普普通通的工人，他一直希望能把自己的女儿培养成才。有一次，一个客人在看到他的女儿时，顺嘴夸了一句："这个孩子手指修长，一看就是块弹钢琴的料。"这位父亲动心了，他决定将女儿培养成钢琴家。第二天，他就去银行提出了所有存款买了一架昂贵的钢琴，又请了老师来教女儿。可是那个6岁的小姑娘根本就不喜欢弹钢琴，她希望能和小伙伴一起参加舞蹈班，可父亲却不愿意尊重她的选择，一定要她练钢琴。每次，小女孩都是哭着坐到琴凳上。有一次她妈妈劝她爸爸说："既然她不喜欢，就别逼她了！"可小女孩的爸爸却气呼呼地说："不行，她懂什么？我说了算！"一天，爸爸出去了，留小女孩一个人在家练钢琴，小女孩由于气愤，拿起一瓶胶水把琴键给粘上了。做完了之后，她突然觉得很害怕，爸爸一定不会放过她的。于是6岁的小女孩收拾了个小包决定离家出走，就在一条繁华的马路上，她被一辆汽车撞倒，双腿粉碎性骨折，她永远也不能再站起来了。

这个故事给我们的教训是：强迫孩子是没有意义的，家长必须学会尊重孩子的选择，尊重孩子的兴趣理想，望子成龙、望女成凤当然没有错，可是家长不能利用自己的身份压制孩子，说到底人生毕竟是孩子自己的。

我们应该把孩子看作家庭成员中平等的一员，让孩子大胆发表自己的意见，鼓励孩子大胆参与家庭事务，大胆发表自己的意见，允许孩子在有关自己的问题上持有保留、修改、完善自己意见的权利。

我们应该给予孩子一定的、可供自由支配的时间和空间，不要轻易干涉他们的正常行为，不要试图去窥觊他们的隐私。

我们应该尊重孩子的选择：不要强行对孩子进行知识和技能的灌输；不要不考虑孩子的天赋及兴趣，按照自己的想法进行塑造；不要不考虑孩子的承受能力而进行超龄负载；不要不考虑孩子智力发展的规律性和阶段性，夸大目标进行施教；不要不尊重孩子的意愿，擅自为孩子做出种种选择和安排。如，在为孩子购买玩具、衣物和生活用品时，应该尽量征求他们的意见；又如在参加课外兴趣活动时，应尽量尊重孩子的选择；再如高中阶段选择文理科时，亦应尽量给予孩子自主选择的权利。

当然，对于孩子的选择，家长如果发现有不妥之处，可以且应该为孩子提供一些参考意见。但绝不可以滥用自己的权威，强迫孩子做他们不愿做的事。哪怕是好事，父母的要求是正确的，也只能耐心地开导，绝不能一意孤行，不能强迫、蛮干。

只有尊重孩子的选择，让孩子走一条自己喜欢的路，孩子才会愿意为此而奋斗，凡事都迎难而上，也只有这样孩子才会真正取得成就。

在家里为孩子设立"自治区"

早期的习惯培养就像一粒希望的种子，不能到了收获的季节才匆匆忙忙想到播种，而必须赶在生命的春天里就有意识地培土和播种，并且坚持不断地施肥和灌溉，这样才能让希望的种子及早生根发芽，茁壮成长，让孩子在人生成功的道路上胜利前进。

我们向读者建议，应该向自己的孩子灌输这种理念：自己的事自己做。这不应该仅仅是一句口号，而应该成为是一种治家的理念。我们认为孩子3岁就可以作为平等的一个家庭成员参加"家庭会议"，参与决策、分担任务。毫无疑问这是培养他们自理能力的绝佳手段之一。

让孩子早点当家，这也是培养他们的自信心的一个绝妙办法。

我们推荐这样的做法：如果家中来了客人，特别是孩子比较喜欢而又尊敬的客人来了，让孩子有意识地做家庭的主人，接待客人，做一些力所能及的招待活动，比如送茶水、送糖果等。另外，还应该鼓励孩子从事简单的社会交往，有利于孩子锻炼自己的生活能力。

现在的很多孩子是"衣来伸手，饭来张口"，什么事情都是父母包办代替。这是一种很不好的现象，父母应该努力改正。父母必须清楚，总有一天，孩子是要成为一个自立于社会、自立于人生的个体的。父母如果能从小就培养孩子自己的事情自己做，自己的东西自己管，自己的生活自己安排的自我管理习惯，就能够很好地增强孩子行动的独立性、目的性和计划性，这对于孩子今后的幸福和成功无疑是具有很大的好处的。具体做法如下。

1. 给孩子一个劳动岗位

许多父母抱怨孩子懒，这是无可争议的事实。20 世纪 90 年代初，曾有媒介披露一组数据，即有关方面对各国小学生每日家务劳动时间做过统计：美国为 1.2 小时，韩国 0.7 小时，英国 0.6 小时，法国 0.5 小时，日本 0.4 小时，而中国仅为 0.2 小时，即 12 分钟。当时，不少媒介炒起了"0.2"现象。1996 年，中国城市孩子人格发展调查也发现，孩子平均每日家务劳动时间为 11.32 分钟！

作为发展中国家的中国，按说孩子劳动应多于发达国家，却为何如此之少呢？最根本的是一个观念问题。

无数父母反复叮咛孩子：只要你把学习搞好了，别的什么都不用你管。这是一句非常典型的话，其含义是分数决定命运，一切为了考试，什么道德呀、体育呀都算不了什么，劳动更是不必提及的事。

客观一些讲，父母们讲这样的话也是无奈，是被以升学考试为中心的教育体制逼出来的。但是，不论有多少理由，我们应首先弄明白孩子是否需要劳动，劳动对于儿童成长有何意义。

从孩子的成长需要讲，孩子其实是喜欢参加一点劳动的，更喜欢负一些责任，以确立他们在家庭中的位置，并增长自己处理问题的能力。这是他们成长过程中的自然需求，我们应该满足他们。否则，他们长大之后会发觉，这一生中有无法弥补的缺憾。

从教育的角度看，孩子的劳动与健康人格密切相关。我们调查发现：第一，孩子劳动时间越长，其独立性越强；第二，孩子从事劳动时间越长，越有利于形成勤劳勤俭的品德。

因此，父母们应当从小培养孩子热爱劳动的良好习惯，并以此作为培养优良人格的一个切入点。譬如，在家务劳动中，为孩子选择一个适合他的劳动岗位，郑重其事地交给他，使他具有光荣感和责任感。父母应当经常鼓励孩子，并给其具体帮助，使他感受到劳动的高尚。

2. 让孩子自己支配时间

一个具有健康人格的人是自由的人，而自由主要体现在这个人能够自由、有选择地支配自己的行为。这种自由感不是凭空产生的，其中很大一部分来自童年时期对自由支配时间的体验。但遗憾的是，我们的调查发现，孩子平均每日可支配的自由时间只有 68 分钟，这说明，我们没有给予孩子足够的可自由利用的时间，相反，我们用功课以及其他有关学习的活动将孩子"安排"了，我们把他们"安排"得满满的，使他们疲于奔命，从而失去了选择的机会和能力。

更可悲的是，他们几乎成了机器人，在"安排"下失去了自我，以至变得越来越懒散、麻木和消极。

有位独生女来信说："我知道妈妈很爱我，但爱得我想去死，因为我一点自由也没有。"

自由支配时间，意味着孩子具有热情地实现自我、用创造性的方法表达自我的机会。剥夺儿童自由支配的时间，实际上是在剥夺儿童成长和发展的机会。对城市孩子的调查表明：有更多自由支配时间的孩子自信心更强，并且比自由时间较少的孩子有更强的成就需要。因此，父母们应转变观念，给孩子足够的自由支配时间，帮助孩子有效利用时间，发现生活的乐趣，展示自己的才华，使其能够更健康更自然地成长！

作为父母，你是否觉得孩子太依赖大人呢？

早晨起来被子不叠，吃完了饭碗筷不洗，甚至忘了带某种学习用具也怪大人没有提醒等，诸如此类的现象司空见惯。所以，我们在调查中发现，孩子认为自己"有责任心"的仅占45.9%，认为自己"做事有独立性不依赖他人"的仅占40.3%。也就是说，半数以上的孩子依赖性较强。

孩子的依赖性是从哪里来的呢？一般来说都与父母的溺爱有关，父母包办代替越多，孩子的依赖性越强。相反，父母如果鼓励孩子自己的事情自己做，孩子的依赖性将会大为减少。关于这一点，很多父母都有切身的体会。

有个上小学四年级的独生女习惯于睡懒觉。每天早晨，她妈妈几次催她起床，她总哼哼唧唧说："再待会儿。"如果真迟到了，她会抱怨父母不把她拽起来，害得她受老师批评。

父亲想了想，对妻子说："咱得换个办法了。"于是他们告诉女儿："上学是你自己的事情。从明天早晨开始，该几点起床你调好闹钟。如果闹钟响了你还赖被窝，你就赖吧，肯定没人叫你，一切责任自己负！"

父亲心中有数：孩子虽然跟父母撒娇，可是在老师、同学那里还是很在意自己形象的，岂敢总迟到？果然，第二天早晨，闹钟一响，女儿噌地跳下床来。从那时起至今，五六年过去了，女儿早起床上学再不用催了。有时候，父母还在睡觉，女儿早已经骑车上学去了。

从这个独生女的变化可以看出，孩子的潜力很大，可以做很多事情，只是父母的溺爱剥夺了他们自立的能力。譬如，孩子的学习也是自己的事，靠自己认真听讲、认真思考、认真复习和预习，独立完成学习任务，才能真正掌握学习本领。大人陪读陪写甚至帮写帮计算，都是在帮倒忙，是在辛辛苦苦培养懒孩子。当然，如果孩子个人很勤奋仍搞不明白，帮他分析一下甚至请家庭教师都可以，但必须以孩子独立学习为前提，切忌包办代替。早在1927年，著名教育家陈鹤琴就提出：

"凡儿童自己能够做的，应该让他自己做；凡儿童自己能够想的，应该让他自己想。"

这是符合教育规律的至理名言。

父母希望培养出一个天才的孩子，就必须树立管理孩子的新观念，把握孩子发展的大方向。在孩子成长的过程中，出现一定的偏差是难免的，只要掌握好了大方向，就会到达目的地，因为孩子具有很大的可塑性。培养孩子成功的素质，增加孩子信心。一个人的成功，智力是重要因素，但不是关键因素，关键的因素是非智力因素，也就是时下人们常说的"情商"。古今中外很多做大事成大功的人，其"情商"都发挥了不可估量的作用。父母有意识地培养孩子的顽强精神和坚强意志，培养孩子关心他人和集体以及助人为乐的良好品质，具有十分重要的意义。

让孩子自己为自己编织一个梦

顺应孩子的能力及兴趣，给予适当的引导和关照，使孩子身心健康，能掌握成功的机会，也懂得忍受挫折，孩子便能正常地成长——这才是父母所应扮好的角色。不要天天忙着工作、应酬，不清楚孩子真正的兴趣和志向所在，却要求孩子要如何如何，等孩子达不到自己的期望时，不仅孩子觉得难过，自己也会感到挫折、失望。

有位教师讲了这样一段经历：我大学毕业的时候曾经在一所当时称为"贵族学校"的私立中学实习。那里面的学生大多数是来自相当富裕、父母又忙于做生意没有时间管孩子的家庭。坦率地说，这些孩子虽然个个活泼健康、聪明伶俐，但是都属于"有点问题"的那一类，贪玩儿、任性，在来这个学校之前学习成绩比较差，少数已经受到不良影视节目的影响，满脑袋尽是江湖这一类的东西，有的甚至管我这种年轻的老师叫"老大"。

当时那个学校的校长交给我的一个任务就是和学生探讨认真学习的重要性。

这时碰到一个贪玩儿但是爱动脑筋的学生，质问我的口气还真有点苏格拉底的风格。

以下是我们当时的对白：

"你应该认真学习。"

"为什么要学习？"

"认真学习才能考上大学呀。"

"为什么要考大学？"

"因为上大学才能找到工作。"

"为什么要找工作？"

"有工作才能有合法的收入，才能有钱支持自己独立生活呀。"

"我爸爸有的是钱。"

我当时一时语塞，真的没有理由说服这个养尊处优的男孩。

其实这个大男孩道出的何尝不是事实：努力学习、上大学、找工作、养家糊口只不过是那些靠不着父母的孩子的人生必由之路。对于这样衣食不愁的孩子来说，人生如果没有更大的理想与追求，挑灯夜读真的是一件莫名其妙的事情。现在经常也有父母向我们诉苦："我的孩子，条件这么好，就是不好好地学习，整天无所事事。"

我们的答案是这样的：让孩子自己为自己编织一个梦！一个更高、更远、更美丽的人生之梦！这样他才会有学习、奋斗的动力，就像那些农家子弟一样。但是现在的许多父母依然把自己少年时代的理想压在孩子的肩上。

其实，青少年时期是一个开始认识自己的时期，青少年们常会问："我将来能做什么？"这一点他们不能确定，可是他们能够确定自己不愿意做的是什么。他们害怕将来是个忙忙碌碌的人，他们变成不听话和反抗父母的孩子，只是为了亲自体验一下他们的自主能力。他们并不是故意想要反抗父母，他们的内心也是非常矛盾的。

他们的痛苦也是多方面的，有肉体的行动，精神上的刺激，不满现状和害羞的苦恼等。要使青春期的少男少女凡事都能称心如意，是件不可能的事。他控制不住自己，可以说是心不由己地闯下了祸事。

同时各种大众传播的媒介也常把青少年带进紧张又痛苦的境地。电视广告大肆宣扬某某化妆品如何好；广播电台介绍给青少年们如何常保口齿芬芳，如何矫正牙齿；怎样洗除头皮屑；有些杂志刊载青少年如何增长身高，怎样增加体重或怎样减肥，怎样锻炼肌肉和保持优美的身材。青少年们如果试过那些灵验良方，结果毫无功效，要是没有加深他们的痛苦，已经是不幸中的大幸了，这些父母都要理解并帮助他们。

随着孩子年龄的增大，父母可以逐步地提高对孩子的期望值，并且允许孩子自己做更多的事情。在一段特定的时间之内，父母必须让自己的期望与孩子的能力保持一致，这样的期望可以使孩子感到安全。

很多父母虽然都知道要顺应孩子的能力及兴趣，然而，认知的层次并不等于行为，孩子的能力及兴趣如果是出于父母主观的认定，就谈不上所谓的"顺应"，反而是"操纵"了！最好先让孩子去尝试，再从日常生活中观察、了解孩子的学习情况，而且常跟学校老师联络，偶尔和孩子的同学、朋友聊聊，自然知道孩子大致上的表现，如果能为孩子做心理测验，那就更客观了。

父母对于孩子的学历和职业的期望，也应该秉持上述的原则。不要老是执着完美的期望，强迫孩子去实践。必须多考量孩子的现实条件和个别差异，不要做不当的比较，要接纳事实，修正对孩子的期望，让孩子愉快、充满信心地向前进，否则会造成孩子心理上很大的困扰，甚至不幸地酿成悲剧。

第五章

别压抑！让孩子把情绪发泄出来

孩子虽小，但也有自己的喜怒哀乐，当孩子有负面情绪的时候，家长应该让孩子有机会把这些负面情绪宣泄出来。否则，孩子长期受到压抑，情绪得不到宣泄，就有可能导致身体和心理上的障碍。对待孩子的负面情绪，我们除了接纳、共情以外，更要积极地想一些方法来引导孩子正确宣泄。

谨防不良情绪骚扰孩子

生活中每个人都会遇到不如意，都会产生消极情绪。孩子作为一个社会的人，随时都有可能发生冲突、产生愤怒、受到挫折，从而产生不良的情绪反应。如果孩子的不良情绪得不到适时、适当的疏泄，积蓄过多，就会导致一系列不良的后果，如身体不适、食欲不佳、难以入睡、经常做噩梦等，严重的还会导致注意力、记忆力下降。这不仅影响幼儿的身体发育，也会影响幼儿的心理发展。

那么，孩子为什么会产生消极情绪呢？这还得从孩子心理发展的规律说起。

心理学研究发现，孩子的心理发展呈现下面的规律：

婴儿在出生后的第6个月就会有选择地微笑。8个月时会害怕陌生人，与母亲短暂分离会引起焦躁不安，这表示婴儿在这一时期已经有了一定的心理活动。婴幼儿对父母的感情依赖贯穿于他早期的全部生活，父母的一言一行都可能对孩子产生潜在的影响。

一周岁的幼儿已与母亲建立了紧密而牢固的联系，与父亲及其他关系亲近的人也有了很好的感情交流。一周岁时，幼儿已开始希望获得父母的喜欢。这一时期是幼儿学走路、学说话的阶段。幼儿已能控制自己的行为，记忆力、想象力、思考能力逐步形成雏形。对事物好奇心增强，模仿能力迅速增长，已经初步具备喜怒哀乐的情感活动，在此期间幼儿的情绪是很不稳定的，对事情也没有辨别对错的能力。

这是一个人各种心理特征形成雏型的阶段。这一时期，孩子如能得到正确的引导，对他形成良好的心理素质有极大的帮助。如引导不当，则可能发展成一个有各种心理问题的人，例如常产生消极情绪。

具有消极情绪的孩子通常会有下列表现：

1. 经常哭泣

通常，孩子哭泣是因为饥饿或疲劳，但是哭泣也是减轻压力的一种自然方式。发展心理学家阿利瑟·所特著的《流眼泪与发脾气》一书中说，"哭泣是一种自然愈合机制"，当孩子受到太强的刺激不知如何放松时，他们就垮了下来，然后大声啼哭，这就是为什么在生日聚会上总会有很多哭成泪人的孩子。随着儿童年龄的增长，眼泪仍然是他们在情绪激动时释放压力的一种方式，所以父母不要忽视他们的哭泣，应该充满爱意、心平气和地对待。

2. 睡眠不安

对孩子来讲，夜晚总是很难度过的。把婴儿或咿呀学语的孩子和他们的父母分开，他们会很自然地感到焦虑。在想象力丰富的学龄儿童脑子里，壁橱可能是妖魔鬼怪的藏身之所。如果说你的孩子长期失眠，那一定是有什么事情在困扰着他们。

在睡觉前和你的孩子聊聊天，给他们一个机会说出心里话，这有可能会改善他的睡眠不佳的现状。

3. 疾病反复

如果你的孩子叫嚷肚子疼或头疼，但又没有任何外在的症状，那么他可能就是精神紧张。曾经有一对父母正在闹离婚，他们的孩子表现得非常焦虑，不断地去医务室检查，说自己头疼。作为父母，即使你怀疑孩子在装病，也应该带他去看医生。美国华盛顿的国家儿童医院的儿科主任本·基特曼建议，一旦诊断出疾病，应首先治疗儿童的情绪和心理，而不是身体。

4. 攻击性行为

"语言能力有限的儿童减轻压力的唯一方式就是咬激怒或欺负他的伙伴。孩子的愤怒可能源于心情压抑。"这就是阿利瑟·所特称的"碎饼干现象"——一个两岁的孩子不大可能由于得到一块碎饼干而感到不安，只是将其作为借口释放早晨郁积的沮丧心情。父母应该尽量少告诉他做什么以及如何做，否则只能增加他的压力。孩子需要无忧无虑的玩耍，做自己想做的事情。

5. 过度忧虑

孩子看到新闻中灾难的报道而害怕飓风是情理之中的事。同样，学生害怕临近的考试也是正常的。但如果他们害怕所有的人和事就不正常了，他们越感到软弱无助，害怕的东西就越多。

6. 说谎和欺骗

四五岁的学龄前儿童有时会撒谎，但他们经常并不知道他们行为的后果。大一点的孩子在已经能够分清真假的情况下也会撒谎，这大多数是因为他们受到很多的压力。

8 岁左右的孩子更关注自己在学校的表现。10 岁的时候他们会有诸如"别人喜欢我吗"这样的社交考虑，归根结底，他们想取悦于父母，担心会辜负他们的期望。如果承认自己辜负了父母的期望，他们会感到羞愧。因此，他们就编造了一些父母喜欢听的话，让父母高兴。

7. 拒绝吃饭

一些挑食的孩子胃口小，没有食欲；另一些在饭桌上明确表示不喜欢某些饭菜，但最终他们会吃掉喜欢的饭菜；而对于可能患有饮食紊乱的孩子，他们就干脆不去想自己饿不饿。如果孩子谈到饮食，简单地把食物分成"好的"和"坏的"，或过量运动以"燃烧脂肪"，这可能意味着你的孩子正在试图通过一种不健康的方法控制自己的身体，从而达到控制压力的目的。

消极情绪对孩子的影响是很大的，所以父母要让孩子远离消极情绪。父母的情绪对孩子的影响极大，所以父母要特别注意在孩子面前保持良好的情绪。父母也是人，也有七情六欲，有时忧愁抑郁，有时大发雷霆，有时还会伤心哭泣。如果父母产生这些情绪的时候，就应该尽量地避开孩子，不要当着他们的面发泄。

反之，快乐是一种心情，也是一种性格。这两者不同的是，快乐的心情是暂时的，有起有伏；而快乐的性格是长期的，比较稳定。一个人拥有一时的快乐心情是比较容易的，而要拥有一个快乐的性格就不是那样容易了。但是性格是可以培养的，父母应该把孩子培养成为一名乐天派，这对孩子的健康成长是很有好处的。

小小男子汉，有泪也要弹

自古至今，人们习惯了这样来要求男性，那就是"有泪不轻弹"。于是，很多妈妈在看到自己的儿子无缘无故哭泣的时候，或者是不知道怎么样来哄孩子不要哭的时候，会说上一句"你是小小男子汉，男儿有泪不轻弹"，以为这样教育男孩，他们就会变得十分坚强，其实不然。不管是男孩还是女孩，在孩子的童年时代，泪水应该伴随着他们成长。对于男孩来讲，他们也有不开心的时候，也有感觉到委屈的时候，如果在这么小的年龄段就压制他们哭泣的情绪，那么对他们来讲是不是有点太不公平了呢？

一个孩子的性格会影响孩子的一生，一个男孩爱哭，那只能证明他的情感丰富、充满童真，如果他在儿童时期就不善于表达自己的喜怒哀乐，压制自己的心情，那么长大之后怎么可能会变成一个开朗乐观的人呢？作为家长，不应该总是用"男儿"的高帽子压在小孩的头上，在他们的年龄段应该允许他们肆无忌惮地哭泣。

当孩子因为淘气而闯祸之后，家长们会冲着儿子大吼，吼完之后儿子往往会因为害怕而号啕大哭，这个时候家长们还会嚷道："哭什么哭，你还有资格哭了，看谁家男孩子像你这么爱哭。"或者是当孩子因为想要一个新玩具而在玩具店前哭闹的时候，作为家长的你可能也会说道："宝贝，你看人家多听话啊，从来就不哭。你是妈妈的小男子汉，小男子汉是最听话的，是从来不会轻易流泪的。"家长们以为这样就能够培养出坚强的儿子，但是却不知道这样的言语无非是给孩子加重心里的负担。

家长们认为一个男孩如果从小养成了爱哭的习惯，那么长大后也不会变得勇敢坚强。那么反过来讲，现实生活中，那些不爱哭的男人，难道真的是坚强的或者是勇敢的吗？很多男人不哭是因为他们不懂得表达自己的情感，是因为他们内向的性格，而并非是因为坚强或者是勇敢。所以说，哭泣和坚强不成正比，男孩就应该在不开心和受到委屈的时候在大人面前哭泣。

林莹莹的儿子已经5岁了，平时很少跟幼儿园的小朋友打架，可今天不知道怎么了，儿子的老师打电话说儿子小凡在幼儿园和一个小男孩抢夺玩具，并且把那位小朋友惹哭了。

林莹莹很着急地来到幼儿园，老师看到她来了之后，便开始对她抱怨个不停："你家小凡最近也不知道是怎么回事，以前在课堂上是十分活跃的，也很少和小朋友闹意见，可是最近他不但很少说话，而且也很少笑。平时跟他玩的小朋友也都不怎么愿意和他玩了。今天他又跟其他小朋友抢玩具，还打了别的小朋友，别的小朋友哭得一团糟，他像是没事人一样。你们父母最近没有发现孩子的情绪有点不正常吗？"

林莹莹听完老师说的话，心中有点不解。"没发现有什么不正常的呀。"林莹莹说道。正在这个时候只听儿子对那个哭泣的男孩嚷道："你还好意思哭呢，男孩从来都不哭的，真没出息。"听到儿子说这句话，她突然想起了上个星期和儿子去买玩具，他要一个两百多块钱的玩具，自己没舍得给他买，他就开始哭闹，当时自己也是这样说儿子的。还有一次，给孩子打疫苗，儿子不想去，便开始哭闹，她就说："男孩哭鼻子是最丢人的，别的小朋友最不喜欢哭鼻子的男孩。"林莹莹心想可能是自己的这些话触动了儿子的内心。

后来，林莹莹将这件事情告诉了一名儿童心理咨询师，才知道原来是自己的"男儿有泪不轻弹"的思想让孩子的情绪变得压抑了，他因为在委屈的时候不敢哭泣，扩展到在开心的时候也不想微笑，从而就形成了老师口中的"不正常"。

其实，男孩也需要发泄自己的情绪，他们毕竟不是大人，他们的心灵需要有脆弱和发泄的机会，不要以要求大人的方式来要求孩子。即便你家的宝贝是男孩，也不要采取抑制他情绪的方式来让他变得坚强。一个不懂得表达自己情绪的人，怎么可能会懂得让自己变得坚强呢！

生活中，家长们要如何面对孩子的号啕大哭呢？

1. 弄清孩子哭泣的真正原因和目的。男孩子爱哭，一般不是因为摔跤了而哭，大都是没达到他的要求和目的，以哭来"要挟"。当然他不知道什么是"要挟"，他们只是想要通过哭来让妈妈们满足自己的要求。还有一种情况是因为受不得一点委屈，譬如和小朋友抢玩具，抢输了便会哭。

这两种原因是男孩儿哭泣的主要原因。

2. 弄清孩子哭泣的原因之后，要正确地去解决。当孩子想要得到某件东西而哭泣的时候，妈妈们需要做的是先不要理睬他，更不要一见孩子哭就训斥孩子，不许孩子哭。等到孩子的情绪稳定下来之后，再耐心地跟孩子讲道理，告诉他不是每件想要得到的东西都是能够轻易得到的，让他明白其中的道理。

3. 语言上不要跟别的孩子进行对比。教育学家发现，孩子最反感的事情之一就是和比自己好的孩子进行比较。比如当孩子哭泣的时候，妈妈们经常会说"你看人家某某某从来就不哭，多听话呀，你怎么就知道哭呢"，等等，这些话无疑是对孩子内心的一种蔑视，让孩子感觉到自卑，更不利于孩子建立坚强的性格。

别让孩子的烦恼积累成灾

烦恼是一种不健康的心态，它多来自于内心的不安宁。其实，大多数烦恼是杞人忧天，担心的事情并不一定会发生，但是由于孩子的"免疫力"较差，因此烦恼往往会"乘虚而入"。于是，在一些家庭里便会出现这样的情况：

"妈妈，我睡不着。"

"是不舒服吗？"

"不是，我担心明天会下雨，班里组织的郊游就会取消呢。"

"儿子，你晚饭怎么只吃了一丁点儿呢？"

"妈妈，我吃不下，明天老师就要公布考试成绩了，我担心自己没及格。"

"妈妈，我不想去乡下姥姥家。"

"为什么？是不喜欢姥姥吗？"

"不是，我担心去了会像上次一样又停电，害得我连电视都看不上。"

那么，孩子们担心的这些事情真的都会发生吗？根据概率，99% 不会发生。这些孩子的烦恼都是自找的，是杞人忧天。

心理学家告诉我们：自寻烦恼有百害而无一利，因为再怎么样的忧虑都无法解决任何问题，只会让自己的心情更糟糕，想法更消极而已。可是，为什么有许多人仍然不经意地自寻烦恼呢？这主要是性格使然，也有环境因素的影响。了解到这些情况后，当发现自己的孩子经常无端烦恼时，就应该对孩子进行劝导，让其开朗一点，开心一点，帮助孩子逐渐克服无端烦恼的恶习。当孩子事事往积极的方面去考虑并付诸行动时，长大成人后他就有可能比别人更优秀，并且能成就一番事业。

凯蒙斯·威尔逊是假日饭店的创始人，是闻名世界的企业家。1991 年他退休时，他的公司在五十多个国家拥有 1759 家饭店，年收入 10 亿美元。但是，很少有人知道他青少年时期也是一个爱烦恼的孩子，幸运的是他有一位乐观、坚强的母亲。在母亲正确的引导下，凯蒙斯克服了爱自寻烦恼的恶习，一步一步走向了成功。

凯蒙斯出生后 9 个月，他的父亲就去世了。那时，他的母亲也只有 18 岁。童年的凯蒙斯由于缺乏父爱和生活的艰辛，他每天都烦恼，总觉得有许多不幸的事情要发生。对此，凯蒙斯的母亲没有熟视无睹，而是经常对他说："凯蒙斯，你命中注定就是大人物，只要你抛开这些无谓的烦恼，去努力奋斗，你必将无所不能。"在母亲的鼓励和开导下，整日愁容满面的凯蒙斯逐渐变得开朗起来。

但是，不幸又一次降临到凯蒙斯的身上。14岁那年，凯蒙斯遭遇了车祸。当躺在病床上时，凯蒙斯认为自己永远也站不起来了，大夫也这样告诉过他。就在凯蒙斯想着以后的日子将会遇到种种困难又将如何度过时，他的母亲又一次对他进行了正确的疏导。

"凯蒙斯，你现在不要总是考虑自己不能走路后怎么办，而是应该想'我怎样才能让自己站起来！'"

在妈妈的开导下，凯蒙斯真的不再去想如果自己站不起来后的一系列灰暗的事情，而是鼓起勇气使自己努力站起来——一年后，凯蒙斯又走进了校园——是他自己走进去的。

孩子偶尔忧虑、烦恼并不可怕，可怕的是父母的疏忽且不加以正确引导。孩子自己一时无法意识到烦恼对身心的危害，这样烦恼就会像章鱼的手一样，把孩子紧紧箍住，使孩子喘不过气来，从而给孩子的身心带来伤害。

每个孩子都会有烦恼，关键是看父母如何去应对。为了帮助孩子尽快走出烦恼的阴影，家长要注意以下几点：

1. 孩子需要释放烦恼

家长应该接受并允许孩子释放烦恼，只要孩子的言行不是太过分，家长可以让他适度哭闹或大声吼叫，也许孩子会使用侮辱性词语，比如"我恨你"，家长要理解接受，因为孩子需要通过表达来释放，他真正的意思是"我非常生气，我想让你帮助我分担我的烦恼"。孩子能够将烦恼情绪及时释放是件好事，释放可以宣泄负面情绪，避免抑郁，使孩子形成健康、乐观的人格。值得一提的是，家长要意识到该怎样教会孩子合理地表达自己的感受。

2. 孩子需要倾诉烦恼

家长要做孩子的倾诉对象，要经常站在孩子的角度去看、去想、去倾听，这样才能及时了解他烦恼的原因，从而帮助他摆脱烦恼。比如，孩子与小朋友争吵，小朋友占了上风，孩子心里会十分难受，家长一定要引导孩子主动诉说，如"你怎么了，有什么不开心的事吗，讲给我听一听吧"。家长只要能耐心倾听，让他发泄心中的怒气，孩子就会很快忘记心中的恨意，烦恼也许自然就消失了。当孩子烦恼时，让孩子倾诉就会减少许多压力，当孩子提及自己的感受时，家长要鼓励他说出为什么会有这样的感受。许多家长不懂得倾听，习惯于用成年人的想法来揣摩孩子，当孩子烦恼时常常埋怨或批评，不给他说话解释的机会，结果让孩子的烦恼有增无减。孩子有了向父母倾诉内心感受的机会，才会在倾诉中释放烦恼，从而跳出烦恼的心境，使身心得到良好的调整。

3. 孩子烦恼时需要安慰

孩子若是因遇到挫折而产生烦恼，自然会希望从家长那儿获得理解和安慰，家长的安慰能抚慰孩子受创的心灵。当孩子烦恼时，可能会满脸鼻涕眼泪地向家长哭诉，或是愤愤不平地抱怨其他小朋友。这时，家长先要能接纳他的情感，听听孩子的倾诉，然后根据情况做适度的安慰。家长处理的态度一定要适度，要表现得很镇静，心平气和地和孩子讲话，既不能太敷衍，如"没关系，不要紧"，三言两语带过，这样孩子会觉得你不重视他的问题，对家长产生怀疑，也不要太严厉，一个劲儿说孩子的不是，这样会使他更烦恼。家长安慰孩子，是设法使他的烦恼在爆发后能够渐渐平息下来，但不应该是无条件地顺从。如果毫无原则地一味迁就孩子，就不能真正解决孩子的问题。

4. 锻炼孩子的承受能力

在幼儿园里，孩子产生烦恼，原因一般很简单，多数是由于争抢东西不成或东西被别人所抢，或是被老师或小朋友无意中忽略所致。比如，音乐课老师没有叫大力唱歌，大力一整天都不开心，直到第二天美术课老师表扬了他，他脸上才恢复了笑容。现在的孩子大多娇气、任性，一点儿小挫折就会引起烦恼。孩子爱表现是优点，如果演变成妒忌心而导致承受力差，不仅会烦恼自扰，将来也很难立足于社会。所以，家长要从小锻炼孩子的承受能力，让孩子既经得起表扬，又受得了委屈。这样，孩子面对挫折才会越加勇敢、坚强，也就没有那么多烦恼了。

家长要告诉孩子：经常被烦恼困扰，不仅会影响人的情绪状态，还会使人对生活缺少幸福感，导致心理不健康或人格发展不健全。

将孩子的怒气恰当引导出来

有的孩子脾气大得很，动不动就勃然大怒。面对这种孩子，平时，要加强对他们的心理辅导；发生不愉快时，要采用活动转移法，让他们在体育游戏或其他活动中宣泄内心的紧张，并为他们树立讲道理、讲礼貌的榜样供他们学习。

有一个孩子叫明明，才两岁半，原来是有名的乖乖，聪明、漂亮。可是自从带她长大的阿姨离开后，明明就像变成了另外一个人，常常无端地发脾气，无端哭闹，谁对她也没有好办法。以前的乖宝宝变成了一个暴戾的小公主。爸爸妈妈对此很着急，急忙带着孩子去了心理咨询中心。

检查结果表明，明明精神上没有什么问题，只是朝夕相处的阿姨离开了，她失去了心理上的伙伴，破坏了孩子心理上和生活上的平衡。孩子由于缺少了阿姨的关注和照顾，在呵护和娇惯中形成的情感依赖产生了动摇，因此产生了强烈的分离焦虑情绪。她的种种行为就是对焦躁不安情绪的发泄。也就是说，明明是在寻求新的心理依赖。

这是对明明这个具体病例的诊断所得出的结论。心理学研究认为，不仅如此，明明的这种行为表现与这个年龄幼儿心理发展的特点关系密切。

心理学上认为，孩子2至4岁是人生的第一个反抗期。这个时期的孩子开始有了"我"的意识，感觉到了自己与别人的不同。因此，他们产生了按自己意愿行事的心理需求。这种心理需求的主要表现就是以心情急躁、不听话、反感别人、反对别人的限制和干涉等逆反心理为主要特征的。

至于明明的行为举止，她的一些过激表现，与家庭教养的娇生惯养、过分迁就和放纵有很大关系。

我们还常常会看到，有的孩子由于父母没有满足他的欲望就大声哭闹。比如在地上打滚，撕扯自己的头发、衣服，或抱着父母的腿不走。心理学上把这些行为称为暴怒发作。处于暴怒发作中的孩子往往不听劝阻，除非父母满足他们的要求，否则就会僵持下去。有时即使父母满足了他们的愿望，他们也会不依不饶。

孩子的暴怒发作不仅严重损伤本人的情绪和生理状态，也常常使父母狼狈不堪，许多父母对此都感到很棘手。

暴怒发作与孩子的性格有关，但频频发作的原因往往在父母身上。如果孩子的欲望要求不合理，父母不予满足是正当的。如果孩子因此暴怒发作，最简单的办法是把他单独放在房间里，做短时的隔离，冷落他一些时间。孤独隔离对孩子来说是一个严重的惩罚，他将有时间冷静下来重新考虑下一步该怎么办。这时，父母决不能中途让步，去迁就孩子的暴怒发作。父母更不要形成两派，一派"坚持惩罚"，一派"主张怀柔"，当着孩子的面争论起来。如果父母企图采用溺爱和迁就的办法换取孩子中止暴怒发作，那么其后果是强化了暴怒发作，以后孩子必将"屡试不爽"。

　　每次"暴怒"平息后，父母要严肃地教育他们，使他们认识到自己的错误。如果发现孩子在哪一次能克制自己没有发作，应及时予以表扬和奖励。最后，提及一点，父母不能经常"暴怒"发作，给孩子"树立"学习榜样。

　　细心的父母很快就会发现，孩子长到两岁的时候，脾气就会逐渐大起来。孩子高兴的时候，十分逗人可爱，好像什么事情都很明白，但是如果孩子不高兴的时候，无论是谁，只要不合他的意，他就会大喊大叫，无论让他干什么都不行。比如，让孩子洗脸，他说不洗，父母硬给他洗了，孩子就会气得再把脸弄脏。遇见这样"不可理喻"的孩子，父母常常感到很难办，弄得很没面子，哄也不是，打也不是。

　　一般来说，一两岁的孩子已经能够听懂父母所讲的简单道理了，知道自己可以做什么，不能做什么。这样的孩子也开始能够根据父母的态度来判断自己行为的对与错了。孩子用手摸脏东西，父母板起面孔或者咳一声，他常常就会把手缩回来。孩子如果把果皮扔到垃圾筒里，父母向他们投去赞许的目光，他以后还会乐意这么做。

　　同样的道理，孩子开始闹脾气的时候，常常也会试探父母怎么对待他们的这种行为，就像是考验大人的忍受程度，这与"投石问路"的道理是一样的。所以，父母如果处理好这些事，不仅能够避免与孩子较劲的尴尬，还可以影响孩子以后的行为和促使孩子良好性情的形成。

　　两岁的孩子发脾气，一般来说，有两方面的原因：

　　随着年龄的增长，孩子慢慢地开始萌生了"独立"的愿望，开始有自己做主的意识，对父母的事事包办代替开始有不满和反抗。但是，他们还讲不清楚自己的愿望和道理，心里很容易着急，所以便常常"发脾气"了。这时，如果孩子希望自己独立去完成一件事，而父母还是习惯包办代替，孩子又急于表现自己，就会因感到委屈而用哭闹的方式来进行反抗了。

父母向孩子提出要求，叫他做什么或叫他不做什么，孩子不愿意接受，而父母还是坚持要孩子这样去做，于是孩子就靠发脾气来进行抗拒。有时孩子向父母提出要求，而又得不到父母的许可，孩子就用哭闹或发脾气的方法来要求父母满足他们的要求。

应该明白，如果父母不管青红皂白，孩子要什么就给什么，这自然是不行的。同时，孩子要这要那，父母认为不该答应孩子的要求，孩子就又哭又闹，于是父母就答应了，这也是不行的。如果孩子哭闹父母就答应了孩子的要求，就等于告诉孩子，只要大哭大闹，父母就会将就自己。

有的孩子之所以用哭闹甚至躺在地上打滚的方法来"要挟"父母，其实根源还是在父母那里。所以，一哭一闹父母就满足孩子的要求绝不是一个好办法。

要克服孩子爱发脾气的毛病，最好的办法就是防患于未然，尽量不要给孩子提供发脾气的机会，更不要形成父母与孩子互相较劲的尴尬局面。

其要点是：

1. 父母要民主

父母应该成为宽厚仁慈的、具有"民主作风"的父母，而不要做一个专横武断的父母。父母不应该把自己的意志强加给孩子，不要强迫孩子做这做那。如果要求孩子做什么事情，父母应该向孩子讲清楚道理。不许孩子做的事情，也应该给孩子说明原因。如果孩子有什么事情要向父母说明，父母要认真地倾听孩子所说的话，不要因为孩子小就爱理不理的。父母认真地听孩子讲话，孩子就感到一种安慰。给孩子安慰，一般来说，他就不会发脾气了。有的孩子个性强一些，如果父母对他比较尊重，那么他即使闹起来也不至于形成和父母"顶牛""较劲"的局面。

2. 学会"冷处理"

父母可以采用"冷处理"的方法来对待发脾气的孩子。有时候，无论父母怎样做，孩子还是难免不发脾气。遇到这种情况，父母可以采取"冷处理"或者"转移注意力"的方法来摆脱尴尬的局面或化解"尖锐"的矛盾。"冷处理"方法的关键是父母要保持沉默，对大发脾气的孩子暂时不予理睬。等到孩子冷静下来后再去和他沟通。"转移注意力"就是用其他事情去吸引孩子的注意力，避免在某一件事情上与孩子形成对立。

心理学家研究发现，一两岁孩子的情绪是很不稳定的，他们哭着哭着，如果看到新奇的事物马上就会笑起来。他们的注意力也很不稳定，而当今的世界又是这样丰富多彩，聪明的父母是容易把孩子的注意力吸引过来的。

父母尽量不与孩子顶牛和较劲，并不仅是一种权宜之计，还可以教给孩子一种待人处世的技巧。如果父母经常这样对待孩子，久而久之，潜移默化，孩子也学会使用这种方法了，将来就会用到他们自己的生活和工作中去。

大人说话，小孩可以插嘴

日常生活中，父母在说话时，如果孩子插嘴，父母便会制止："大人说话，小孩别插嘴。"父母们觉得这样的话语并没有什么不妥，自己是大人，孩子是小孩，孩子"乱"讲话就是没礼貌。事实上，父母的这种想法太过于专制了。

大人与孩子的世界虽然不同，但应该是平等的。孩子对大人世界的事情发表见解是他们独立意志的表现和发展的需要，即使评断不明、不正确，也是值得称赞的。

可儿和邻居家的姐姐处得挺好的，可儿是人小鬼大，虽说刚上初二，知道的东西还真不少，邻居家姐姐的许多感情上的烦恼都可以和这个小丫头交流。姐姐常问可儿："你这些感情方面的知识都是从哪里学来的？"

可儿总是笑笑说道："呵呵，都是电视上面看来的呗，我可是天生有这方面的才能。"

说完，两人便笑成了一团。

最近姐姐和男朋友闹了一点别扭，两人正在冷战中。这天，妈妈和姐姐还有邻居家的阿姨正在说这件事："你应该原谅他的，男孩吗，总是有点粗心的。"

姐姐说道："哼！饶了他这回，那下次更上脸了……"几个人正聊得起劲儿，可儿也连忙把头凑了过来，搭茬道："哎呀，姐姐你应该原谅他这一次，就会显得你宽宏大量……"

妈妈看到女儿居然打断了大人的谈话，立刻喝道："你在这里干吗？大人说话，小孩别插嘴。你懂什么！回家写作业去！"

可儿小声地嘀咕："谁说我不懂的。"妈妈狠狠地瞪了可儿一眼，她只好灰溜溜地离开了。

如果大人们把大人的世界和孩子的世界划分得太清楚了，不把自己的孩子当成一个和自己平等的人来对待，不给予他们应有的尊重，那么孩子就不会把信任给予大人，有事不会和大人说，把所有的心事都放在心里。

所以，父母要正确面对孩子的这种对成人世界的新奇，给孩子提供机会让他参与到一些"大人们的事情"的讨论中，培养孩子的分析问题和解决问题的能力。

父母要注意，孩子有自己的发言的权利，应该尊重孩子的表达需要，让他自由发表个人的意见，而不要扼杀他们的天性。

积极为孩子创造条件和机会，让孩子尽快尽早地了解成人的世界，了解真实的社会。如果大人的谈话确实不便孩子在场。可适当地安排一些孩子去做一些别的事，转移孩子的视线，而不要呵斥着打断孩子的话语，说"大人说话，孩子别插嘴"这类的话语，这会在无形中伤到孩子的自尊心。

给孩子承认错误的机会

调皮是孩子的天性，但不能因此而纵容孩子。有时候孩子因为调皮做了"坏事"，遮遮掩掩不愿主动承认，父母也没有深究，从而使孩子的这种小毛病一直维持下去，结果只能是让孩子的人性变得残缺。所以，培养孩子，就要培养敢于承认错误的孩子。

上课铃响了，老师走上讲台，响亮地喊了一声："上课！""起立！""同学们好！""老师好！"大家坐下来，只有张乐同学依旧站着。"张乐，快坐下来！"老师点了一下头，示意他坐下。可张乐仍然没有动，也没有说话，只是生气地望着身边的椅子。大家奇怪地望着他，探头一看，呀！不知是谁搞恶作剧，在他椅子上吐了一口痰。

老师走过来，看了看椅子，脸色都变了。他回到讲台，猛地一拍讲桌，大声问："这是谁干的？"同学们吓了一跳，谁也没有见过一向和蔼的老师这样生气。"是谁？主动站起来承认！"老师的声音更高了。教室里静悄悄的，连窗外飞进的一只小虫"嗡嗡"的叫声，都能清晰地听到。老师索性不说话了，在黑板上重重地写了两个字——"是谁"，还有一个大大的问号。

这时，坐在张乐旁边的一个女生慢慢地站起来了，几十双眼睛向她投去诧异的目光。难道是她——中队长杜鹃？不会，她可是助人为乐的典范，老师的得力助手，每次中队会的主持活动都少不了她的身影。她会干出这种事？大家都呆了，老师也惊讶得说不出话来。她低着头，怯怯地用沙哑的声音说："对不起，我感冒两天了……我……不是故意的。"说完她就离开座位，慢慢地走到张乐的旁边，默默地掏出手绢，弯下腰轻轻地擦去痰，再用卫生纸把整个椅子擦了擦。做完这一切，她向张乐点了一下头，满脸歉意。

老师带头鼓掌，全班掌声如雷！

面对老师的大发雷霆，当着全班同学的面，杜鹃勇敢地站起来承认此事的经过。掌声表达了老师和同学们对她的谅解，更是对她处理这件事情的称赞。

培养孩子做"坏事"不遮掩的习惯，家长可以如下去做：

1. 让孩子冷静地反省自己的错误

父母面对做了"坏事"的孩子，可以保持沉默，不理睬他。这时孩子的心里会紧张起来，自己会把犯错的地方重新再思考一遍。这样，给孩子一段时间冷静一下自己的头脑，过些时间再与他交谈，孩子就能坦然接受意见。

2. 对孩子的承错要多鼓励

父母要耐心地教育孩子，让孩子勇于承认错误，当孩子承认错误时，父母要给予奖励，并告诉他绝对不能再干"坏事"了，这样会起到非常好的效果。

休谟说："遇到有承认自己错误的机会，我是最为愿意抓住的，我认为这样一种回到真理和理性的精神，比具有最正确无误的判断还要光荣。"

帮助孩子度过心理危险期

12 至 15 岁是孩子心理发展的危险期。这时是青春发育期，也是孩子最容易出现各种问题的时期。一直很听话的孩子也变得不太听话了；父母教育他，他不但不听，还常常对父母发脾气；做什么事都爱我行我素，情绪易冲动等。可以说，这一时期也是他们最不安定的时期，父母必须高度注意这个时期。

在一次心理咨询时，一个孩子的妈妈对我们说："我的儿子欣欣小时候很聪明，小学成绩好，也很听话。可是上了中学以后，光喜欢听流行音乐，玩游戏机，学习成绩下降。我们大人讲讲他，他总要和你顶嘴，真让人生气！"

刚念初中的孩子，显著的特点就是"变"。生理上在变，孩子开始发育了；心理上也在变，父母会发现，不知从什么时候起，孩子不听话了，你往东，他偏往西。

在这个时期，孩子对母亲唠叨的管束和父亲呆板的说教深为反感。因为，此时期的孩子已经进入青春发育期，突出表现是具有逐渐增长的成熟意识，但社会经验不足。个体的长大和生理的逐渐成熟使孩子认为自己已是大人了，但心理上又摆脱不了孩子的习惯和幼稚行为。这种不和谐的矛盾使孩子产生了心理上的"自我不协调"的冲突，潜意识中憎恨自己的软弱和无能，进而仇视父母的管束。

危险期孩子的表现为情绪急躁，有时非常自信，有时却非常自卑。有时莫明其妙地向父母发脾气，做什么事都我行我素，不愿意与父母商量，富于冲动和冒险性，用反抗来探索自己的价值与力量。这种情绪的变化正好反映了他们认识上的不足，如处理不当，极易导致各种心理障碍，严重的会离家出走，甚至自杀等。

因此父母应更加慎重，多想办法与孩子沟通思想与感情，做到既是孩子的父母，又是他们的朋友，绝不能简单地压制。父母可以帮助他们选择好的朋友，同时注意青春期与异性交往的问题，既不能管制，也不能放纵，而要正确地加以引导。儿童少年的反抗性是正常的心理发展过程，并不是坏事。这种反抗是青少年人格第二次诞生时的阵痛，是既想脱离父母，又舍不得脱离的矛盾心理状态。如果父母横加干涉，孩子会更起劲儿地"反抗"；反之，在父母的冷处理下，孩子却会悄悄地向你请教。因此，做父母的要善于利用孩子的反抗与服从、自主与依赖的矛盾心理，因势利导，让孩子顺利度过"第二反抗期"，这对孩子的心理健康及成材都大有益处。据跟踪对比研究：高反抗孩子中84%的人意志坚强，有主见；低反抗孩子中只有26%的人才具备这种能力，而大多数不能独立承担任务，做事不果断。

父母应当认识到：子女是独立的个体，他们有自己的追求和希望，不能将自己的好恶强加给子女。这样同时减轻了父母和孩子的心理压力，使子女可以花更多的精力去寻找自己的追求，取得事业的进步。

在这一时期，如果教育方法不当，就有可能导致孩子各种心理障碍，严重的还有可能导致孩子离家出走，甚至出现我们父母不愿意看到的更为严重的后果。因此，在教育的过程中，除了因势利导外，还需特别慎重。父母应尽量与孩子多沟通，多交流，了解他们的心理，掌握他们的思想动态，融洽与孩子的感情，切忌采取简单的压制办法。

事实证明，简单的压制不但收不到良好的教育效果，反而会适得其反。这就要求我们要恰当地把握好一个"度"。既不能让孩子感到害怕，又不能放任自流。只有这样，才能促进他们心理健康地成长。

从小学进入中学，对孩子来说是一个飞跃。他们认为自己已经不是小孩子了，独立活动的愿望变得越来越强烈。他们一方面想摆脱父母，自作主张；但另一方面，又必须依赖家庭。这个时期的孩子由于缺乏生活经验，不能恰当地理解自尊，强烈要求别人把他们看作大人。如果这时父母还把他们当孩子来看待，他们就会厌烦，就会觉得伤害了他们的自尊心，就会产生反抗的心理，萌发对立情绪。难怪此时，父母常常抱怨孩子越来越不听话，孩子却说父母唠唠叨叨，真烦人！

这个时期的孩子，尽管自我意识发展了，但自我控制能力还很差，常会无意识地违反纪律。他们喜欢与人争论，但论据不足；喜欢发表见解，却又判断不准；喜欢批评别人，但又片面；喜欢怀疑别人，却又缺乏科学依据。

因此，父母仅满足于表面上了解孩子是不够的，而必须学习一些心理学的知识，必须了解"心理危险期"的实质。心理危险期的实质是，青少年随着身心的成长发育，逐渐从依赖于父母的心理状态中独立出来，自己判断、解决自己所面临的新问题。这是一个人的社会化进程，是一个人从幼稚到成熟的转折时期。因此，一方面，父母要看到孩子在成长，要尊重孩子的自尊心，要与他们建立一种亲密的平等的朋友关系。要相信孩子有独立处理事情的能力，要尽可能支持他们，尤其在他们遇到困难、失败的时候，父母应鼓励、安慰他们，帮助他们分析事物、明辨是非、正确处理。另一方面，父母又不能过于迁就孩子的不合理的要求和不良的行为，以防孩子以后总是用反抗的方式来要挟父母以达到自己的目的。对于比较严重的反抗行为，父母可以采取奖赏训练的方法，强化孩子的顺从行为。

正确应对子女青春期怪异行为

青春期的孩子情绪很不稳定，他们有反抗权势和习俗的倾向。

因此，孩子们常表现出很多怪异行为，看了叫人心烦，令父母们难以容忍。譬如：咬指甲、抠鼻孔、啃手指头、抓耳朵、干咳嗽、斜眼看人、擦鼻子、全身乱动；或是成天躺在床上两眼望天，手里不停地玩儿一件东西；或是一天到晚不停地抱怨，仿佛一切都令他看不顺眼，房子旧啦；衣服差啦；老师不好啦；父母是老古板啦，等等。

他们的坏毛病、坏习惯也一再重犯。早上大睡懒觉，晚上借口念书和洗澡，拖到深更半夜不睡觉。父母说他，他就生气，他会跟父母强辩，或是故意曲解父母的话。

青少年孩子们的言行虽然如此不正常，但父母也不必惶惶不安。孩子们仍然是有理性的，因为是他本身的发育促使他的行为。青春期的作用就是要瓦解他已经成型的性格，接受必需的改变：从成型状态（儿童时期）经过瓦解状态（青春期）到再定型状态（成人时期）。每个青少年在青春期间都要重新养成他自己的性格，必定要从父母替他塑造的儿童期中挣脱出来，使自己焕然一新。

因此，他们有些怪异行为是可以理解的。

青春期是动荡不定、迷惑和苦恼的时期，同时希望无穷。情感强烈的时期是引起社会关切、个人极端痛苦的时期，也是心情矛盾、喜怒无常的时期。

有一个著名的心理学家曾说过：处在青春期阶段的男女，言论和行为互相矛盾、变幻莫测，这并不奇怪。他们在成长，在塑造成人期的性格，不停地在体验自我，要尝试各种各样的可能性。所以，他们容易冲动，尽管他们也知道冲动不好，应该克制，在公众面前不愿亲近父母，但他们内心的隐私还是只想向父母倾诉；表面上在处处模仿名人，私底下却又想标新立异，另创一套；有时表现急功好义，乐于助人，为社会、为他人，无私地做奉献，但有时又显得自私自利，冷酷无情，一心一意只考虑自己的利益，而毫不顾及集体的利益。在一所高级中学，有位教师找了几位高一的学生谈心，要那几位学生谈谈他们最近的心理活动，毫无例外，这些学生心理都很矛盾。

有个男生说："我近来心情很苦恼、很矛盾。因为，在内心深处，常有些欲望和冲动在燃烧，在折磨自己。想尝试，不太敢；想克制，又克制不住。"

有个男生说："也许我这个人精力太旺盛，总想找个机会去亲自尝试一下人生各种酸甜苦辣，去实际做些事情，哪怕是发泄一下也好，而不愿只听一些不着边际的空谈。"

有个女生说："不知为什么，现在我经常做一些连自己都莫名其妙的事，被别人看成神经质，喜欢装模作样，自己难以理解，一点也不愉快。"

对处于心情不定、常自相矛盾阶段的青少年，要理解他们，掌握他们的心理特点，不要横加干涉，一看不惯，就动辄斥骂，不妨顺其自然，听其自便。他们好活动，就让他们去动，喜欢孤单的，内心有种种隐私的，暂时也不要多过问。

青少年在什么情况下，内心渴望别人了解？在什么情况下，又不愿让人窥其内心隐私呢？

这是件困难而又微妙的事，父母再聪明，也很难掌握，那又何必太操心，反而使孩子不高兴呢？对孩子的反常行为，暂时容忍，并不是表示赞同，正如医生从不拒绝病人的要求，哪怕感到它不合理，只因为他们是病人，但绝不鼓励也不赞许。暂时的容忍，就是在尊重理解孩子的个性和心情基础上，再寻找恰当的时机，进行有效的帮助。

在这个阶段，要特别预防孩子出现闭锁心理。

很多经过这个阶段的父母可能都遇到过这样的情况：孩子到了一定年龄就会自己把自己封闭起来，不愿与父母一起出去玩儿，不愿与父母谈心里话。这样的孩子甚至有时候对父母的教育也表现出很不耐烦的情绪，而经常把自己关在自己的房间里，连自己的东西也不允许父母动一动、看一看，开朗的性格一下子变得孤僻起来。

对此，很多父母感到莫名其妙，一直追问"这是怎么回事"！

从心理学角度看，孩子心理和言行的这种变化是青少年心理发展过程中的一种常见现象，称为"心理的闭锁性现象"。

产生"闭锁心理"主要有以下两个方面的原因：

1. 孩子的独立意识的增长

孩子到了青春期，抽象思维能力逐渐加强，就会积极地用自己的心去体验外部世界。这个时期，孩子对父母的依赖性逐渐变弱，有时会做出一些所谓"小大人"的举动来。这个时期的到来，标志着一个人走向成熟的开始。但是由于此时的孩子对许多事情都把握不准，因此常常会发生把自己与父母对立起来的行为。

2. 孩子自我意识的发展

此时孩子的智力已经发展到相当高的水平，自我意识已经完全能够将自我与他人、自我与客观世界区别开来，而且还会发现自己也有许多独特的观点和很好的想法。但是，此时的孩子自尊心都比较强，担心自己的想法会引起父母或别人的耻笑或轻视，所以就小心翼翼地将许多内心的想法作为秘密闭锁起来。同时，这个阶段的孩子却又有渴望被人接近与理解的心理矛盾，因此，写日记成了他们倾诉内心秘密的重要形式。

父母应该清楚，孩子出现这样的心理闭锁现象很正常的，父母应该对此进行妥善处理。如果父母对此一无所知，对孩子的这种心理变化处理不当，就会对孩子身心健康产生不良影响，如：孩子心理上产生不同程度的、间或出现的孤独感，一定程度的反抗情绪等。如果父母任其发展下去，个别孩子甚至会性情孤僻，长时间地将自己闭锁起来，最终形成有缺陷的人格。

父母要充分理解这个时期孩子所产生的闭锁心理，要为孩子创造条件交正派的朋友，要引导孩子相信父母、老师和其他正派的人。当孩子有想不通的问题的时候，要鼓励孩子大胆地向别人倾诉，让孩子把不愉快的情绪尽快宣泄出来，不要让这些问题长期困扰着孩子。

同时，父母还要积极鼓励孩子参加各种文娱体育活动，让孩子在活动中尽量放松自己的心情。

父母不要对孩子的这种举动大惊小怪，要给予孩子更多的关心和爱护，可以经常找一些孩子感兴趣的话题，与孩子促膝谈心，使孩子早日走出闭锁心理的圈子，让他快些成熟起来。

父母要学会尊重孩子，因为孩子已经长大了。

父母也许会发觉，尽管过去对孩子的奖赏很有一套，然而这往往在孩子进入青春期时便面临相当的考验，以前孩子甘之若饴的奖赏，此时可能对其产生嫌恶的反应，到底是为什么？

这是因为，青春期的孩子自我观念强烈，对父母的要求和期盼往往会加以反抗，但这也表示孩子已经长大了，对事物有他自己的看法。

面对青春期孩子的反抗心理，父母们不必过于紧张，事实上，如果过去的所有奖罚都适当而且合理，如果孩子的行为早已塑造成型，往后他还是不会脱离基本的轨道。所以，最重要的还是在于对幼儿的训练过程。

青春期的孩子不接受父母的奖赏，大部分问题在于父母的表达方式，孩提时代被大伙儿称赞的骄傲滋味，现在对他而言可能是一项莫大的耻辱，也许是因为害羞，觉得太与众不同了，于是就加以拒绝。所以，父母应该改变管教态度。面对青春期的孩子，父母要站在帮助他判断是非善恶的立场上，辅导他对事物的处理和解决之道。对于奖赏，精神上的要比物质上的更有效果。

这是人的成长过程中非常重要的时期。这时的心理状态发展如何，往往会影响到人的性格的形成和健康发展。因此，帮助孩子度过这两个时期就显得极为重要。

父母可以采用下面的方法：

1. 尊重孩子，让孩子选择

处于反抗期的孩子不喜欢有人吩咐他做某件事或被迫接受某种意见，哪怕这些意见和行为是正确的。这时，你可以把自己所企盼孩子接受的做法与其他几种可能摆在一起让他选择。孩子在你规定的范围内行使了自主权，既让他表现了独立性，又往往能心甘情愿地顺从你的建议，双方皆大欢喜。

2. 转移孩子的注意力

如果孩子执意反抗，父母就必须想办法转移他的注意力，例如：给他心爱的玩具或卡通，待其情绪好转时再与他沟通。不要非强迫他顺从你不可，更不要威胁他或利诱他。巧搭梯子，让孩子自然下台。孩子有时是为了逞能而耍犟，这时，你要顾全他的面子，帮他搭梯子，让他体面下台。如果他考试成绩一落千丈，你不能对他嘲笑讽刺，否则会适得其反，迫使孩子走上"反抗不归路"。

3. 多给孩子一些爱

一些心理学家强调，要使孩子服从、不反抗，就必须给他们多一点爱、关怀与了解。事实上，反抗的行为几乎经常发生在每一个家庭，然而，一个苛求、缺乏爱的家庭似乎更易养成孩子叛逆的心态。家长应忽视缺点，赞扬优点。假如你希望孩子的错误行为不再发生，你就得狠下心来，忽视一切的错误行为。除了忽视他的错误行为外，你还得去夸赞他一些良好的表现。赞扬本身虽然只是一件小事，但对孩子而言，它已代表了你对他的爱、关怀与注意，以后他会乐于服从的。父母切记，处罚绝不是办法，因为这会阻止孩子发展自我意识。

4.因势利导，不要破坏孩子高兴的情绪

有时孩子玩得正高兴的时候，父母突然打断并要求他做他不愿意的事，这会成为引起孩子反抗的导火线，甚至还会使孩子发展到与父母对抗。近来报刊上不时披露的青少年离家出走事情，不少就是孩子在感情上与父母疏远、对抗而采取的极端之举。两代人应当相互尊重各自的秘密，并将此视为尊重他人人格尊严的重要内容。尤其是父母要尊重孩子的权利，不偷看孩子的日记和信件，不偷听孩子的电话，不强迫孩子说出不想公开的秘密。

当然，父母负有监护人的责任，但这种监护是监督与保护之责，是以尊重为前提的。父母的权力在于通过自己的教育影响，使孩子能够独立面对秘密并从容、恰当地处置。如此正确对待、巧妙实施，可以帮助孩子健康、自信地度过人生的两段关键时期。

从这个阶段起，尊重孩子是独立的个体的事实，培养他们的责任感，才是父母最重要的任务。

第六章

父母蹲下去，孩子站起来

　　尽管家长们在孩子成长过程中倾注了很多心血，但事实上，更多的家长并不注重与孩子的沟通与交流，不给孩子平等相处的机会。孩子失去尊重，只好将委屈和不满埋在心底，并由此产生与父母对抗的心理。父母应该经常蹲下去，与孩子面对面，平等地互相交流与沟通。

教养孩子需要有"三心"

家长对孩子进行管教，尽量不要采用个人的、批评的和责怪的方式，而要充满爱心。家长教养孩子需要有"三心"——爱心、耐心和决心。具有"三心"，是成为一个好家长的诀窍。

孩子的成长、发展是一个长期的过程，爸爸需要耐心。当孩子犯了错误，爸爸应该耐心、严肃地讲解道理，让他信服，引导他明白自己的过失。同时，爸爸更要有愿为孩子牺牲自我的决心，爱而不纵，日日关心，时刻在心，诲而不倦，一定会有好的效果。

父母如果放得太松，会使孩子学坏，给社会造成危害。正确的方法是对孩子成长过程中出现的某些失误给予一些宽容，给孩子身心留有自由发展的余地。尊重和信任孩子，对孩子的个人兴趣爱好、初次出现的问题、后果轻微的以及生活小节问题等应从宽。

在我国传统的教育子女方式中，还有一样也是不太好的，那就是事后埋怨。

孩子没有认真地听父母的话，后来在实践的过程中果然就出了问题，出了差错。于是有的父母就喜欢埋怨："我早就说过了，你就是不信。现在闯了祸了吧？"或："我再三跟你讲，提醒你，你不信。现在把事情弄坏了吧！"这些埋怨已无济于事。至于子女没有听父母的话，所以这次才出了错，这事实已得到了证明，无需做父母的再去提及，子女心中有数，也会后悔和反省。

在遇到挫折和失误时，孩子最需要的是同情、安慰以及如何克服当前困难的忠言。如果父母为了显示自己的预见与正确而反复埋怨，结果只能引起孩子的烦躁、苦恼和反感。

有一位爸爸当过三十多年老师，却犯了一个令他后悔莫及的错误。一天，他发现儿子在自己的屋子里烦闷地走来走去，非常替孩子着急。他隐隐觉得，上高中的儿子在谈恋爱，碰到了什么挫折。他暗暗祈祷：儿子啊儿子，你可有点出息，别为这么点事想不开！一会儿，儿子出门了。

爸爸再也按捺不住急切的心情，想方设法撬开了儿子的抽屉，取出了儿子的日记。可是，当他翻开日记时，手却像被烫了一样，原来儿子在日记中夹了一张纸条，上面写着："爸爸，我料定你会来偷看我的日记，我瞧不起你！我有烦恼是自己的事，你不必管我，我能挺过这一关！"

这位爸爸说："道高一尺，魔高一丈。我低估了孩子的能力。还是应该尊重孩子啊。"

尊重孩子，是因为孩子一出生，就是一个独立的个体，并且被认为是一个权利主体。他不是父母的附属物，他们的人格尊严受国际、国家和地方各种法律法规的保护，所以父母应该尊重孩子。上面这位父亲认为孩子能力高，才意识到要尊重孩子，其实是不正确的。从法律角度讲，无论孩子是否有这种"能力"，他们都应该得到有尊严的对待。

从另一角度说，只有被人尊重，孩子才可能获得自尊，并可能学会尊重别人，而自尊和尊重他人是成为一个具有健康人格的人的首要条件。由于孩子年幼，自尊意识处于稚嫩状态，特别容易受到伤害，所以更应当给予保护。可以说，是否尊重孩子将对孩子一生的发展起重要作用，值得爸爸们予以特别的重视。要知道，没有信任就没有教育。

毫无疑问，每个爸爸都喜欢自己的孩子，但能否信任孩子却成了一个未知数，因为许多孩子的行为令爸爸们不解甚至反感，这怎么谈得上信任呢？

譬如，当你的孩子考试考砸了，你会相信孩子的陈述吗？你会不会怀疑他贪玩不用功？或者怀疑孩子智力有缺陷？

我们发现，每逢考试过后，常常听到爸爸训斥孩子："你这是怎么学的？连这么容易的题都不会，简直是猪脑子！"甚至，有的父母真带孩子去测智商，有的父母送孩子去做感觉统合训练，谁知花了很多钱也不奏效。乃至于一位参与过检测的心理学教授感叹说："这个孩子没毛病，是父母有病！"

心理学研究证明，在 0 至 14 岁的儿童中间，弱智儿童仅占 1.07%，而超常儿童则在 3% 以上。也就是说，98.9% 的孩子不存在智力问题，而是爱学不爱学、会学不会学、勤奋不勤奋的问题。即使是那 1.07% 的弱智儿童，经过适当的训练和热情的鼓励，也会有不同程度的进步。中国香港有些弱智儿童种的南瓜个儿特别大，这不是教育的奇迹吗？

所以奉劝爸爸们，当你的孩子考试成绩不理想时，一定要相信孩子，相信孩子自己也是很痛苦的，相信孩子也是非常愿意学好的，并相信孩子有能力达到自己所期望的目标。这种信任是非常重要的，因为它能使孩子在挫折面前镇静下来，得到精神上的鼓励。与此相似的问题：当你的孩子闯了祸，甚至犯下严重错误之时，你是否会说他是坏孩子呢？

"坏孩子"永远是父母的忌言，相反，你应当对孩子肯定地说："你是个好孩子！"这是一种更符合儿童心理发展的教育思想。

事实表明，没有信任就没有真正的教育。父母应做到下面几点：

1. 避免当众取笑孩子

孩子对自身的缺憾是非常敏感的。所以他们很不喜欢别人抓住他们的缺憾开玩笑，不管是恶意的，还是善意的。如果连父母也嘲弄他们，那更会在他们内心造成严重的创伤。爸爸们要时刻注意，不要叫子女外号，诸如什么"矮冬瓜""竹竿""肉圆"等；也不可当着别人和孩子的面，大谈孩子可笑的往事，例如说他们常尿床、爱啼哭、太淘气、喜欢吃零食、胆子太小等。孩子大了，要把他们当大人看待，他们讨厌再提那些往事，应该满足他们这方面的要求。

2. 不要侵犯孩子的隐私

每个人都有不愿意与人说的话，同样，孩子也有很多不愿意让父母知道的事。因此，爸爸们尽量不要去侵犯孩子的隐私，诸如翻他们的抽屉、看他们的信件、听他们打电话都是不恰当的举动。因为这将导致他们的怨恨，他们会恨父母侵犯了他们的隐私。

再者，父母也不应该对子女的生活管得过严或过于关切，例如看见女儿跟某个男孩交往，就神经兮兮，问这问那："你怎么认识他的？""他是什么人？""你们在一起讲了些什么？"也不管女儿愿不愿意回答。

父母不要认为应该与子女毫无间隙，对他们的事应该都知道得清清楚楚，这将使他们产生排斥的心理。正确的做法是要与他们保持一段适当的距离，并且要尊重他们的私生活，要帮助他们逐渐脱离父母，去过独立的生活。

3. 不要对子女说教不停

子女最不愿意听："我像你这么大的时候……"他们一听到这类唠叨就烦，就避而远之。尽管父母出发点是好的，但他们不喜欢说教，他们不愿意听那些陈年旧事，而且也不相信父母曾经真的那么勤奋、努力，样样比自己好。

另外，爸爸在子女遇到问题时，不应该受他们的情绪左右，他们的情绪是愤怒、恐惧且困惑的，爸爸不可以也跟着发脾气、迷惑，那样就无法帮助他们。反之，应该冷静、拿出自己对事情的处理方法。

4. 谈事情要切中要点，避免长篇大论

一位男生，17岁，他说："我有时真要耐得住性子，才能跟我爸爸说话，他常把最简单的事复杂化，我问他一点小事，他就前前后后说了一大篇，为了怕浪费时间，我都尽量避免跟他说话。"

另一位男生，16岁，他说："我爸爸不知怎么搞的，他对人的心理、情绪根本不能体会，也听不懂别人的言外之意。他逢人就爱发表长篇大论，且语言太乏味，不着边际，听者都觉得厌烦，也懒得跟他辩论，这些他都体会不到，继续他的高谈阔论。我真希望他嘴巴能闭一闭，去听听别人怎么说。"

5. 避免在孩子面前议论、预测他们的未来

父母都喜欢拿孩子当话题，议论他们的过去，预测他们的未来，谈论东家孩子怎么样、西家孩子怎么样等。例如说："李阿丹性格太内向了，不善说话，又不出众，看来不会有什么出息。""陈小珊长得好，可是不爱学习，好做白日梦，经常想做这个，又想做那个，看她能做成什么？""彭松这孩子太调皮了？捣蛋成精，成绩又不好，长大以后只怕会成为社会的包袱。"

这些话不管是否真心，都不要当着孩子的面讲，不要以为孩子还小，不会理会别人说他们什么。实际上，孩子听了会很不舒服，而且会在潜意识中不知不觉地照父母对他们的评价去做。

6. 不要刺激孩子

"要你把东西放在固定的地方，不要乱丢，你总是不听，真是一辈子也改不了你那坏毛病。"

"我刚才讲的道理，你听懂了没有？哎！恐怕你一辈子也懂不了，我只是对牛弹琴而已。"

奉劝爸爸们不要说这种反话刺激孩子，打击孩子。这会使他们很生气的，也会引起他们对你的厌恶。

7. 表态不要模棱两可

子女征求爸爸的意见时，爸爸切忌表态模棱两可，这会使子女无所适从。

一位 15 岁的女孩要去跳舞，她爸爸说："你当然可以去跳舞，高高兴兴地去玩儿一晚上。但那可苦了我，我既要为你担心，又要因等你不能睡。"

这么一说，这位女孩左右为难了，去也不是，不去也不是。所以，父母对子女说话，必须要明确肯定，准就是准，不准就是不准，或是干脆让子女自己做主。

爸爸与孩子在生活经历、生活阅历上都很不相同，且所处的位置也截然不同，因此在见解上、生活态度上自然存在很大差异，爸爸不要强求孩子与自己一致。为了求得彼此间的沟通与了解，最好多听听孩子们对自己的一些看法。

爱孩子就请放下高姿态

很多家长常困惑地问："为什么孩子有话不愿意对我说？"其实原因就是家长们总是爱摆出一副高高在上的样子，因此孩子们尊敬他们，但却无法理解他们，总觉得跟爸爸妈妈缺少"共同语言"。如果家长期望孩子能够接受自己、接近自己，那么就必须要放下高姿态，在家庭中建立起民主、平等的良好气氛。

在美国，父母们认为，大人必须平等地对待孩子，和孩子成为好朋友，才能成为称职的家长，才能教育好孩子。我们可以看一下，一位美国爸爸是怎样教育他的孩子的：

弗兰克是美国阿肯色州的自由职业者，他在教育孩子方面下了很多功夫。他说自己一直在努力为孩子提供一种民主的家庭气氛，他和孩子的关系就像朋友一样友好亲密。

对孩子的平等姿态是良好沟通的开始，他将孩子描述理想的作文保留下来，将孩子们的学习成绩、身高等按逐年变化绘制成曲线图，从小就教他们唱歌、游泳、划船、钓鱼，带他们到博物馆参观、看展览、看歌剧，有空还带他们到大自然中去呼吸新鲜空气……

在各种活动中，他不会因为自己是家长就不容置疑，摆出什么都对、什么都懂的样子，而是尽量去做能给予孩子知识和欢乐的最知心、最亲密、最可信赖的朋友。遇到比如搬家、换工作、买车之类的事情时，他就会召开家庭会议，与妈妈一起和孩子商量该怎么做；还组织家庭音乐会，并将每个人唱的录制在磁带中。由于家庭气氛民主和谐，孩子们生活得无忧无虑。

这样，他的孩子有事就会跟爸爸妈妈讲，从不在心里放着，出门说"再见"，进门先打招呼，做饭当帮手，饭后洗碗擦桌扫地；平时买菜、洗菜，给父母盛饭、端汤、拿报纸、捶背；有时父母批评过了头，他们也不会当面顶撞，而是过后再解释。他常对孩子讲："我们是父子，也是朋友，我和妈妈有义务培养教育你们，也应该得到你们的帮助，你们长大了，会发现我们有很多的不足之处，发现我们很多地方不如你们，这是正常的。因此，我们要像朋友一样互相谅解，互相帮助。"

在这个美国家庭中，不管是家长，还是孩子，都是平等的，孩子提出的看法，爸爸妈妈都认真考虑，有道理的就接受；而爸爸妈妈的想法也都和孩子讲，共同商讨。这样，就让孩子觉得自己在家里有地位，受重视，所以也就对家庭更加关心。

如果中国的父母也都能这样运用对等手段与孩子相处，也许就不会有那么多家庭问题了。家长与孩子之间不应是统治与被统治的关系，而应像朋友一样平等、自由。当然，这并不意味着家长要完全迁就孩子，好爸爸还是要负起引导的责任。

既有威严感，也有亲切感

孩子听你的话，如果是因为你人高马大，那么就是你教育的失败；如果您放弃权力，放弃您的优越感，那么您得到孩子的信任和尊敬的机会就更大。这才是真正有效的教育。父母要学会放下架子，蹲下去和孩子交谈，这样孩子就会快乐，身心就会健康。做父母是一项很重要的工作，因此必须善于学习。这主要包括：父母要尊重孩子，对孩子要讲文明礼貌，还要勇于承认自己的错误。如果这样，你就是孩子的好朋友，孩子就会尊重你，服从你。

其实，孩子和父母的隔阂往往是成人自己造成的。你把自己凌驾于孩子之上，不管对错全要孩子接受，孩子怎么会服气呢？他会这样想，为什么我做错事要挨打，妈妈做错了事却没人罚？就凭你比我大吗？父母们这样做，压根就没有考虑过孩子的感受，从心理上分析，这是父母在显示自己作为父母的权利，标榜自己作为父母的身份、年龄与体力，而弱小的孩子当然抗争不过。结果，孩子就只能用沉默或是叛逆来反抗。这种亲子间不平等的交往会导致亲子关系急速恶化，甚至会到不可收拾的地步。

有一个中学生在日记里写道："在家里，我没有幸福的感觉，最近常常会有离家出走的想法。"

他的母亲说："儿子小时候很乖，不管大人如何打骂，从来不顶嘴。"

他的邻居说："这母子俩现在根本不说话，难得说几句话也会很快就吵起来，接着便听到母亲声嘶力竭斥骂儿子的声音。"

他本人说："我中考没考好，妈妈想让我花些钱去重点高中，而我想去普通高中学习，因为这个，我们之间发生了前所未有的激烈争吵；我喜欢打篮球、踢足球，可是，妈妈从来不让我出去玩，整天就知道让我学习、学习。他根本就不尊重我的自由，我真的不想再看到她了，还是外面好，至少没人整天管着我。"

这母子俩矛盾爆发的根本原因就在于，做母亲的压根没有站在儿子的角度上考虑问题。她尚不觉得儿子是一个独立的个体，不觉得他应该有自己的思想、自己的判断力，不觉得他需要发展自己的兴趣和愿望，她一味地以自己的尺度来限制孩子，这样非但管不好孩子，反而会让孩子滋生对立情绪。所以，在教育孩子的过程中，家长必须放下架子，成为孩子的玩伴和忠实的朋友。要知道，教育的本身意味着伴随和支持。

给家长们提几条建议：

1. 让孩子天天快乐

让孩子天天快乐是父母的一种感情投资。一个人轻松愉快地做事情，就会"乐而不倦"，有使不完的力气。父母能够让孩子"兴高采烈"地去活动，孩子就会快乐，成天都高高兴兴地成长。

要达到这个目的，父母应该做到：

（1）为孩子树立模仿的榜样，时时处处都以乐观向上的情绪去感染孩子。

（2）父母之间要建立和谐、默契的关系，以便对孩子产生潜移默化的影响。"孩子的脸是父母之间关系的晴雨表"，说的就是这个道理。

（3）父母要对孩子进行情感投资。美国精神病专家坎贝尔指出，如果要使孩子的心理健康，父母就应该进行"感情投资"。深情地注视孩子，和孩子进行温馨的身体接触，一心一意地关心孩子，这些都是简单易行的方法。

（4）父母对孩子要宽严适度。父母既不能为了赢得孩子的开心和笑容，就对孩子的缺点、错误放任自流，听之任之，连不合理的要求也违心地满足；也不能时时处处苛求孩子，把孩子与同伴进行横向比较，甚至拿孩子的短处去比同伴的长处。父母要注意进行纵向比较，一旦发现孩子的闪光处和点滴进步，就要及时加以鼓励。

2. 做一个可亲可敬的父母

父母在家庭内部实行民主平等，孩子就会心理健康。调查表明，民主协商型父母与独断专制型父母相比，前者培养出来的孩子更通情达理，受同伴欢迎，能与人友好相处，乐于助人。

为了构建良好的亲子关系，对父母的要求是：

（1）父母要尊重孩子，认识到孩子也是一个独立的个体，也有自己的情感和需要。父母要放下架子，"蹲"下身来与孩子讲话，尽量减少"威严感"，增加"亲切感"，让孩子感觉到父母和自己是平等的。

（2）父母对待孩子要讲文明礼貌，不打骂孩子。一旦孩子有了成绩，做了好事，父母都要表示祝贺，绝不吝啬。

（3）父母要勇于承认自己的错误。当父母意识到自己对孩子可能讲错了话、做错了事，要勇于向孩子承认错误并及时道歉。这不但不会降低自己在孩子心目中的威信，反而会使孩子感到父母更加可亲可敬。

与孩子进行美丽沟通

适当的压力可以激励人努力向上，没有压力会使人疲乏、懒散，但压力太大又会使身心无法承受而出现心理问题。有研究表明，在中小学生中普遍存在厌学、考试焦虑和作弊以及青春期烦恼的问题，有不少学生还有性格狭隘、孤僻、懒惰和任性。作为父母，有责任帮助孩子克服压力，因为对孩子来说，父母是最重要的影响力量。这里给父母们提出几点建议，相信对疏解孩子的心理压力会有帮助的。

认真倾听孩子的心声。要想帮助孩子克服压力，先要了解孩子心理上有什么压力，压力从哪里而来。所以，必须听听孩子的倾诉，要抽出时间和孩子面对面地交谈。交谈时要专注，和蔼地看着孩子，认真地听他说话。只有父母肯把心交给孩子，孩子才肯把心交给父母。这样，才能了解孩子心理压力的真实情况，才能够针对问题帮助他们。

许亮今年马上就要参加中考了，学习负担骤然增加。每天有写不完的考卷，背不完的课文、公式，许亮渐渐有点"力不从心"了，最近，他总有一种喘不过气的感觉，心理压力仿佛已经超出了他所能承受的限度。许亮的精神状态变得非常不好，学习成绩也随之退步了许多。

许亮的变化，他的父母是看在眼里的。可是，许亮不想让父母担心，他觉得自己能够"撑住"。

这两天，许亮出现了食欲不振的情况，爸爸为此很心焦。他温和地询问孩子道："你最近学习很辛苦吗？"

许亮点点头，说道："功课越来越多，而且，我现在觉得心理压力好大，可是我又不知道怎么排解掉。"

爸爸轻轻地握着许亮的手，说道："能和我说说你的心理压力吗？倾诉是最好的缓解心理压力的办法。"

后来，在爸爸的帮助和引导下，许亮终于克服了种种心理压力，以正常健康的心态面临即将到来的中考。

父母要关心孩子的成长，鼓励孩子培养有益身心健康发展的兴趣爱好，多参加一些学校组织的课外活动，这对疏解孩子的心理压力是大有裨益的。最好不要强迫孩子去学这学那，应该多听听孩子自己的意愿。

当发现孩子出现心理压力过重的情况时，父母一定要加以恰当的引导，这样，孩子才不会产生更为沉重的心理压力，从而轻松愉快地度过青少年时光。

首先，帮助孩子面对恐惧。有时候孩子会因为自己和别人不一样，比如不跟别人一起逃学，不跟着别人作弊、抽烟、抄作业等而受到嘲笑，甚至受到孤立，感到恐惧，不知所措。这时，父母应当教导孩子要坚持原则，不对的事一定不能做，让孩子知道，能够做到不随波逐流是很不容易的，这正是一个人成熟的表现，也是有主见、有头脑的表现。

其次，和孩子一起分享自己的经验。父母小时候一定也曾经遇到过孩子今天的状况，当时是怎样对待的或现在遇到了什么难题又是怎样处理的，这些都可以和孩子分享。当孩子知道了父母原来也常常会面对压力和烦恼的时候，他们对父母说的话就比较容易听进去了。父母告诉子女自己是怎样应付压力的，那实际上是为孩子树立了一个很好的榜样，也就增强了孩子克服压力的勇气和信心。

试着让孩子当你的老师

中国的父母总喜欢在孩子面前表现出全知全能的样子，生怕露出不懂的地方，让孩子看轻了自己。其实这样辛苦地维持自己的威严是没有意义的，如果你能放下"威仪"，主动向孩子请教一些事情，你们的关系将会更亲密。

晚饭后，布鲁斯一直在摆弄那个坏掉的音响，可弄了半天还是没有修好。这时布鲁斯13岁的大儿子汤姆从楼上吹着口哨跑了下来，看他的打扮似乎正准备出门去玩。"汤姆！"布鲁斯叫住了他，"过来帮我看看这个音响，再修不好就得换了！""爸爸，您是让我帮您修音响吗？可是我以为——真是太难以置信了！您从来都不会找我做这种事的。"然后在父亲略显尴尬的目光里，汤姆迅速脱下外套蹲下来和父亲一起研究那个音响。"您看！这个导线接触不太牢固，我猜毛病就出在这上面！"布鲁斯惊讶地看着自己的儿子，"你怎么会懂这么多呢？你知道，我一直把你当成小孩子！"汤姆愉快地笑了，"爸爸，我不是告诉过您，我参加了学校的电器小组吗？以后家里的电器坏了，需要帮忙时就请您说一声，我会非常愿意和您一起干活的！"从那以后，布鲁斯发现儿子变得懂事了很多，看到父母做家务事时，他会礼貌地问一声："需要我帮忙吗？"而且汤姆还买了一大堆物理方面的书籍，有空就坐在房间里研究，现在汤姆已经成为家里的

"电器专家"，老师告诉布鲁斯说汤姆现在上课时变得"很认真"。

布鲁斯第一次向儿子汤姆请求帮助时，我们可以看到汤姆感到十分惊喜，他立刻放弃出去玩的念头，留在家里陪父亲修理东西。13岁的汤姆非常骄傲，父亲的求助让他看到了父亲对他的信任和依赖，这种感觉甚至成了他学习和进步的动力。所以为人父母的你何不放下架子，向孩子请教一些东西，你会发现不再需要唠叨、不再需要责骂，你的求助就使孩子变得更懂事、更乐于学习。

我们应该明白每个孩子都希望"做自己的主人"，他们都希望从自立与帮助他人中寻求到自我存在的价值。所以，父母不妨试着扮演一下弱者，给孩子责任心与能力以最好的鼓励与赞赏。

其实扮弱者并没有什么为难的，你可以不时地叫孩子教给你一些东西，比如：怎样收发邮件，如何解答这一谜语等；也可以叫孩子帮助你做一些与研究有关而你又没有时间去做的工作。例如，叫孩子调查最完全、最可靠、最畅销的价值在2500元左右的冰箱，或者研究市场上最好的洗衣机，或找出一段为了达到市中心的某一地点而避免遇到修路或交通堵塞等现象的最佳线路，或叫孩子核对一些所调查的事实和资料再给你一个结论。孩子决不会认为这些工作枯燥无味，他们一定会满怀希望地认真工作的，这不仅使孩子得到了一个锻炼机会，也会使孩子因"爸爸（妈妈）需要我"而感到幸福。

另外，当孩子有自己特殊的兴趣和爱好时，可以让他告知你他所学到的、发现的东西。例如，如果你的孩子对天文学感兴趣，可以让他指出某一星座的位置；如果你的孩子喜欢研究汽车，当你们一起外出时，可以叫他告诉你某些车的名字。

寻求孩子的帮助，从小的方面看是与孩子交流的一种技巧，但从更高的层次看，却是教育观念的创新。许多家长会有这样的疑惑：一个小孩子有什么能力可帮助大人？历来都是大人帮助孩子，哪听说过孩子帮助大人的？他们即使接受让孩子帮助自己，也不过认为是一种哄小孩的游戏而已。

实际上，这不仅不是一种游戏，而且还是创新教育的需要，也是家长自身的需要。我们所具有的价值观念、知识、行为方式及习惯有很大一部分已难以适应社会的发展，而我们的成见、生活经验以及越来越多的惰性常常阻碍我们看到这一变化。

我们已经进入了信息时代，我们的孩子比我们更快、更好地掌握了新媒体技术，如计算机网络等。在"明日青少年与媒介"巴黎国际论坛上，来自几十个国家的学者形成了一种共识：我们正在被青少年甩在后面，我们感到了挑战，我们对自己的无能和无知感到恐惧。甚至教授计算机的教师都感受到这一点，他们发现，许多学生在老师指导入门后，很快地就超过了老师，最后就变成了相互学习。在有计算机的家庭里，孩子常常成为父母的老师，因为除了他们，几乎没有人可以教父母如何应付不断涌来的知识、信息和技术的潮水。美国麻省理工学院媒介实验室的研究人员为此提出"以孩子为师"，并倡议改变以往的教育观念。

其实，生活中很多父母也会发现，自己的孩子有很多让自己不得不佩服，不得不学习的地方。

许某是一家音像店的老板，最近他发现自己9岁的儿子强强常把自己看过的漫画书和CD盘带出去，许某问孩子把东西借给谁了，但儿子的回答却让他大吃一惊，"借？没有啊！我把漫画书打九折卖给同学了，CD吗，和同学交换了。"许某简直不敢相信自己的耳朵，"那是爸爸买给你的书啊，你怎么能把书卖了呢？"儿子却满不在乎地回答："可是我已经看完了呀！放在那里没有用，还不如打九折卖掉，同学也高兴，我还可以存钱买新书。爸爸，你不是做生意的吗？怎么不理解我呢？"许某仔细想一想，忍不住笑了，孩子的办法多聪明啊！第二天，他在自己的音像店门前挂了个牌子"以旧换新，两张旧影碟，可换一张新影碟，同时本店从即日起出租影碟，欢迎光临！"结果店里的生意从此红火了很多，许某高兴，孩子更高兴，他郑重向许某许诺："我要好好学习，然后出国留学，以后要做个大商人，经营一家很大的公司。"

生活中有很多强强这样的孩子，他们不仅成绩优秀，而且还有与丰富生活相适应的多种能力，比如说，对足球、流行元素了如指掌，对家用电器样样精通，他们英文娴熟，当你被电器上的各种按键、电脑上的条条指令弄得眼花缭乱时，孩子却可以轻松应对这一切。因此以孩子为师并没有什么丢人的，这样反而可以增加、父母与孩子交流的融洽性和趣味性，并促使孩子不断学习和进步。

以孩子为师会让孩子看到自己的价值所在，增强自信心和自尊心，但向孩子请教时一定要注意自己的态度，应该是平和虚心而不是盛气凌人。

第七章

引导而非逼迫，孩子才能爱上学习

很多家长往往是只知道要孩子去学习，却不知道如何教孩子学习。显而易见，这并不能真正起到关心孩子学习的作用。成功家长的经验是：不要眼睛只盯着孩子的分数、名次，而要"授之以渔"，在教会孩子学习上下功夫。只有这样，孩子才能愿意学习，学得进去，学得轻松。

孩子厌学，家长有很大责任

孩子产生厌学情绪，原因是多方面的，但是教育专家认为，其主要责任还是在家长身上，是由家长的教育不当、不合理所引起的。这主要表现在以下三个方面：

1. 给了孩子太大的压力

很多父母想通过给孩子加压，让他考出好成绩，以满足自己与同事、亲友攀比的心理，却不顾孩子的兴趣所在，一味地要求他参加各种学习班，剥夺了孩子交友和玩耍的权利，使孩子失去了和同龄人交往的机会，使孩子感到生活枯燥无味，孩子处在强大的压力下，不仅感觉孤独，而且发展到了对读书的厌倦。在此情况下，他只有对抗或是逃避。结果，家长的做法非但达不到预期效果，反而弄得亲子冲突不断。

2. 眼里只有孩子差的方面

父母过分关注孩子学得不好的学科，实际上是对孩子长处的忽视。父母认为学得好的是应当的，而差的方面是不应当的，也是自己万万不能容忍的，表现在行动上就是严厉呵斥，无情打击。这种做法，让孩子对自己的能力彻底丧失信心，并由此可能危及其他学科的学习，造成恶性循环。

3. 过于强调孩子的远大目标

父母期望孩子早日成才，期望孩子出类拔萃，这种心情本是合理的。

但也不能否认，任何事物都应该掌握好尺度，要根据实际状况，采取科学的方法，千万不能在教育孩子的过程中，怀着不切实际的"期望"，走向极端。父母总是用成人的心态和眼光看待孩子的内心世界和能力，对孩子的能力发展、情绪状态、心智方面都有过高的估计。父母在这种自我沉迷的状态下不能清醒地认识问题，久而久之，使自己的行为成了一种惯性和教条。最终给孩子造成了巨大的精神压力，使孩子对受教育的感受越来越沉重，越来越没兴趣和信心，甚至还导致孩子心态失衡，走上极端。

因此，该到了给孩子"减负"的时候了，不要总是给孩子太多压力、负担，对孩子的期望要合情合理，要让孩子能够看到成功的希望，"轻装上阵"不是更有利于远行吗？

亮亮上初二了，成绩中等偏上一点，这让他的爸爸很着急，再这样下去，重点高中就没戏了。于是夫妻俩齐上阵，一起督促亮亮学习，还不断给他讲一些"考不上重点高中，将来就很难考上重点大学"的道理，不过这样做似乎完全没效果，期中考试成绩一点没进步，老师还反映说，亮亮变得内向了许多，夫妻俩只好带着儿子去看心理医生。几天后，心理医生告诉这对望子成龙心切的夫妻，他们的儿子有忧郁症的倾向，主要是因为心理压力过大。那怎么办呢？医生给他们支了一招"减负计"。

回家后，夫妻俩找儿子谈了一次话，爸爸说："亮亮，我们为你好，但却似乎给了你太大的压力，现在我们认为应该按你现在的成绩对你提出要求。你现在是中等偏上，那就加把劲儿考市五中吧！五中虽不是重点，但听说教育质量也不错。""爸爸，你说的是真的吗？"亮亮眼睛亮了起来。"当然是真的了！不过，你不可以因为我们降低了要求就不认真学习，知道吗？"亮亮连忙点头。从那以后，亮亮的脸上开始有了笑容，而且也不再用父母督促着学习。中考结束了，当父母准备送儿子去五中时，却出现了一个戏剧性的转折——亮亮的分数超过重点高中的分数线 17 分，亮亮竟然考上了重点高中！爸爸奇怪地问亮亮怎么考的，孩子笑着说："没有压力、轻装上阵自然发挥得好！"有了这次经历，亮亮的父母决定今后要将"减负"进行到底。

教育孩子，应从孩子的实际出发，顾及孩子的爱好与特长。如果只根据家长的兴趣和愿望，那么孩子只会走向相反的道路。在高期望值的支配下，父母评判孩子好坏的标准往往会严重失衡。孩子教育的成败也多以考试分数或指令孩子所学的一门特长的成效来衡量。这实际上是家长自己背上的一个错误而沉重的包袱。因此，父母在教育孩子时，应注意给孩子"减负"而不是加压。不要以为孩子在很大压力下才会出人头地。教子成功的父母一般绝不给孩子太多的期望压力，因为让他放松身心、缓和情绪反而更好。

给孩子过高的期望，会让孩子因压力过大而崩溃；降低你的期望，为孩子减去过重的负担，却可以使孩子轻松自如地前行。

孩子学习固然有各种外在的目的和长远目标。但对孩子来说，学习的乐趣在于学习活动本身。如果孩子的兴趣是由学习活动本身引起的，他就会持之以恒。孔子言："知之者不如好之者，好之者不如乐之者。"这实际上道出了学习的三个境界。追求学习的外在目的很可能将学习的境界局限在"知之"这一层次，孩子只能处于被动的、简单的应答阶段，无从谈起创造性，也无快乐可言。

家长们应认识到，孩子厌学有着很深的家庭根源。家长在教育和培养孩子的过程中，必须注意运用良好的教育方法，提高孩子的学习热情，从而切实地消除孩子厌学情绪的产生。

孩子成绩差，父母要找原因

很多孩子厌学的一个原因是因为成绩差。成绩差给孩子带来了很多压力，孩子会怀疑自己的智商，担心父母责骂自己，这会使他们越来越讨厌学习，并且产生不安感。对于这种情况，家长来"硬"的是没有用的，越骂反而会越糟糕。只有使用诱导计，宽慰和鼓励孩子，才能带孩子走出低谷，让他们忘记学习的烦恼。

有个孩子平时学习很努力，上课认真听讲，积极完成作业，但是考试时，同桌很轻易地就考了第一，而自己才考了全班第十九名。

回家后，他困惑地问他的母亲："妈妈，我是不是个笨孩子啊？我觉得我和同桌一样听老师的话，一样认真地做作业，可是，为什么我总比他落后？"

妈妈明白，儿子的同桌给他造成了很大的压力。但是她不知道该怎样回答孩子的问题。

又一次考试后，孩子考了第十六名，而他的同桌还是第一名。回家后，儿子又问了同样的问题。妈妈觉得很苦恼，因为她不想说一些话来应付孩子，比如，你太贪玩了；你在学习上还不够勤奋；你和别人比起来还不够努力……因为她知道，像儿子这样脑袋不够聪明，在班上成绩不甚突出，却一直在默默努力的孩子，平时活得已经够辛苦的了。然而这个孩子却一天天消沉起来，他在学习时总是心不在焉，老师甚至反映说，孩子曾几次逃课。眼看孩子的厌学倾向越来越明显，当妈妈的决心为儿子的问题找一个完美的答案。

周末，妈妈带着儿子一起去看海，就是在这次旅行中，这位母亲解决了儿子的烦恼。

母亲和儿子坐在沙滩上，海边停满了争食的水鸟，当海浪打来的时候，小水鸟总是能迅速地起飞，它们拍打两三下翅膀就升入了天空；而海鸥总显得非常笨拙，它们从沙滩飞入天空总要很长时间，然而，母亲告诉儿子真正能飞越大海、横渡大洋的却是这些笨拙的海鸥。

同样，真正能够取得成就的人，不一定是天资聪颖的孩子；而一直不断努力的孩子，即使天资不好，也一定能获得成功。

现在这位做儿子的再也不为自己不如同桌而讨厌学习，也再没有人追问他小学时成绩排第几名，因为他已经以全市第一名的成绩考入了北京大学。

生活中，很多成绩差的孩子并不是不努力的孩子，因此不要看到孩子成绩糟糕，就对孩子横加指责。这样做不但对提高孩子成绩毫无助益，甚至还会起到反效果。在家长的指责声中，孩子就会认为"我是个笨蛋，怎样也不会成为父母期望的样子的"。于是他们就会陷入成绩怪圈：越考越差，越差越讨厌学习。

在这里，我们总结出几个用诱导计帮助成绩差的孩子告别厌学情绪的方法，生活中家长们不妨试一下：

1. 用小小的成功帮孩子建立信心

明明读小学二年级，他不是个特别聪明的孩子，反应速度不够快，数学就是他最差的科目。别的小朋友可以轻松回答的问题，明明总要想上半天，因此明明越来越讨厌数学，在家里一让他做题他就说头痛。这让明明的父母也很烦恼，后来，爸爸想出了个主意：他找了几道简单的四则运算，从单位回来后告诉明明，这是二年级数学竞赛的题目，想让明明做做看。明明皱着眉头拿起笔，意外的是，20分钟后自己竟成功地做出了六道题。爸爸高兴极了，他大声地告诉明明："你太棒了！简直是个天才，你怎么说不喜欢数学呢！看这几道题解得多好啊！""真的吗？"明明激动得小脸发红，他第一次觉得数学其实是很可爱的。

明明的爸爸灵活地运用诱导计，激发出了孩子学习的兴趣。心理学家认为经常有意识地安排一些比较简单的题目让因成绩较差而厌学的孩子做，并及时给予褒奖、赞美，那么孩子的自信心自然容易建立，厌学的情绪必定也会得到改变。

2. 鼓励孩子重新振作精神

天天垂着头回到家里，这一次又考砸了，看来一顿责骂是免不了了。妈妈接过试卷一看正要发火，来做客的舅舅却劝住了妈妈。舅舅看了看试卷后，温和地帮天天分析考试失利的原因，告诉他题目正确的解法，还鼓励天天说："天天，考场是最公平的，只要你多用功，它就会给你回报！我家天天这么聪明，只要肯努力进入你们班前三名肯定没问题呀！怎么样，努力给舅舅看看好不好？"天天开心极了，郑重地点了点头，那年期末考试，天天果然考了个第二名。

成绩差的孩子更需要家长的安慰和鼓励。父母应适时地帮助孩子从失败和挫折中总结教训，在哪里跌倒就从哪里爬起来。这样才能使孩子重建信心，振作精神。

3. 给孩子找个榜样

琳琳是个可爱的小女孩，爱唱歌、爱跳舞，可就是讨厌学习，老是这样怎么行呢？父母为此很发愁，后来她的父母通过与老师沟通，最终想了个办法：把她和班长小西调到了同桌位置上。这下好了，琳琳这回可有时间向她请教学习技巧了。好在小西也是个热心肠，很乐于当这个小老师。

慢慢地，琳琳对学习感觉也不再那么恐惧了，感到原来学习也这么有趣。终于，一次考试，琳琳考了个史无前例的第五名。琳琳在看到成绩时禁不住抱着小西欢呼起来："我终于考进前五名了。"从此，琳琳和小西也由两个本无交往的同学变成了无话不谈、形影不离的好朋友。

榜样的力量是无穷的，如果你多鼓励孩子和成绩优秀的同学交朋友，从他们身上学习良好的方法和思路，时间一长，孩子自然就会受其影响，改变厌学的态度。如果这个同学碰巧是孩子喜欢的人，那就更好了，这样将对他的影响更大。

厌学的孩子最讨厌的就是父母强制自己学习，这样做只会使他们对学习厌烦，充满敌意，对提高学习成绩也不会有任何帮助。因此聪明的父母要掌握孩子的心理，运用诱导计激发孩子的学习兴趣和学习热情，一点点地提高孩子的学习成绩。

家长、老师都应该明白，诱导、鼓励的力量远远大于批评和指责。在你要发火时不妨忍一忍，换一种方式看，也许你会给孩子和你自己一个惊喜。

盯得越紧，孩子越不爱学习

家长都十分关心孩子的未来，在他们心中孩子只有好好学习，考上好大学才能出人头地、高人一等，这种思想已经根深蒂固，总是会将孩子的成绩与前途联系起来。如果发现孩子的学习成绩下降了，家长们便开始伤心着急，如果发现孩子的成绩有进步，那么家长便会无比开心。于是，为了让孩子学习成绩好一点，爸爸妈妈会紧盯着孩子的功课。

紧盯孩子的学习，对家长来讲可能会耗费很多的时间和精力。而对孩子来讲，他们会有一种被监督的感觉，从而很可能会对学习产生一种抵触情绪。所以说家长们要学会一种办法，既不用盯着孩子学习，又能够保证孩子考得好成绩，而最好的办法就是让孩子学会自主学习，引发孩子学习的兴趣。当孩子对学习产生兴趣之后，自然没有爸爸妈妈的监督，也会主动地去学习，并且，门门功课都会考得更好。

紧盯着孩子学习，除了孩子的成绩别的都不关心，这种状态已经成为当今家长的"通病"。有的家长更是厉害，不断地追问孩子有关上课、考试的细节，生怕自己一会儿不看着孩子，孩子的学习成绩就会下降。正因为如此，家长们宁可不做其他的事情，也要盯着孩子的功课，对于孩子的课业和学习那是绝对尽心尽力，而对孩子涉及情绪、周边关系的倾诉却十分淡漠。这种"冷热不均"的状态，会极大地影响到孩子的健康成长和成熟。然而事实上，孩子的心情和情绪，以及和同学、师生之间的关系都对孩子的学习成绩有一定的影响。更重要的是，家长应该教会孩子主动地去学习，只有孩子懂得了主动学习，爸爸妈妈才不用天天盯着孩子。即便爸爸妈妈不盯着孩子的学业，孩子也会学习得很好。

有些家长或许会说："不每天了解孩子的学习成绩，不天天看着孩子写完作业，我不放心。"于是，在生活中就会看到很多家长下班的第一件事情就是询问孩子的作业，询问孩子的成绩，甚至会翻开孩子的考卷，对孩子做错的题进行批评，认为只有对孩子的功课进行严格的管教，孩子才会在学习上更加优秀，其实，爸爸妈妈们会发现，这样做的结果并不好，反而使孩子更加厌倦学习。

学习讲究的是一种兴趣，有了学习的兴趣会让孩子在学习上变得主动。如果孩子对学习提不起兴趣，那么家长们再费心，孩子的成绩恐怕还是会亮起红灯。

现代社会双职工家庭越来越多，白天爸爸妈妈都要上班。因此，家长为了保证对孩子的学习有一定的了解，在见到孩子后，第一句话往往是"老师今天留什么作业了"，或者是问"今天有没有考试？考了第几名"。似乎这样才能督促孩子好好地学习。在孩子看来，爸爸妈妈除了关心自己的学习和成绩之外，对自己毫不关心，自己每天在学校和小朋友们怎么玩的他们不会问，自己今天在路上看到什么、有什么想法，他们也不会问。于是，渐渐地，孩子会对爸爸妈妈每天的询问产生反感，甚至是产生一种抵触情绪，这样不但不利于孩子的成长和学习，反而会让孩子变得对学习失去兴趣。

阳阳最讨厌的事情就是放学回家的路上，因为每天妈妈都会来接自己，而每次在车上妈妈问的第一件事情就是"学习"。阳阳已经上了二年级，但是他的妈妈对每天的学习都要了解，而对于其他的事情从来不问。要知道他每天见到妈妈的时候，最想将当天发生的事情都告诉妈妈。比如说今天和小朋友玩儿了什么游戏，今天老师夸奖了自己，今天小名和小雷发生了矛盾，等等。

今天妈妈照常来接他回家，在车上又一次问起了阳阳的功课："阳阳，今天考没考试啊？"阳阳没好气地说道："没有。"而此时妈妈又问道："那今天老师留作业了吗？"阳阳没回答，妈妈又问了一遍，阳阳点点头。妈妈似乎看出了阳阳不开心，然后就没有再问。

这一次阳阳考试没有考好，只考了班里的第 5 名，平时都是第 3 名。因为这件事情，阳阳的妈妈很着急也很生气，然后更是对孩子的学习上心了，每天都会对孩子进行询问，并且还会给孩子增加作业。阳阳更加厌倦学习了，于是，在上课的时候，便开始不认真听讲，平时也不怎么爱说话了。渐渐地，阳阳的妈妈发现自己的儿子更是不好好学习了。

家长关心孩子的成绩本不是一件坏事，但是千万不要紧紧地盯着孩子的学习，不要将孩子的学习看作是一件每天必须完成的事情。要想孩子学习好，就要培养孩子的自主学习能力，让孩子对学习产生兴趣，这样一来，即便爸爸妈妈不盯着孩子学习，孩子也能够学习得很好。如果阳阳的妈妈能够考虑到这一点，那么阳阳也不会对学习产生厌倦的情绪。

生活中，爸爸妈妈怎样做才能让孩子主动地去学习，即便不紧盯着孩子的学习，孩子的功课也能够门门都很优秀呢？

1. 每天"小汇报"的内容要加点孩子感兴趣的内容。在孩子回到家中之后，爸爸妈妈不要急于问孩子的成绩，要先问问孩子在学校发生的事情，让孩子自己讲述今天开心的事情。孩子会将自己学习的情况自动地告诉你，与此同时，孩子会觉得爸爸妈妈是在关心自己，自然对爸爸妈妈的询问不再抵触。

2. 让孩子独立完成作业。在生活中我们经常看到有的家长会在孩子写作业的时候，坐在孩子身旁指手画脚，很害怕孩子会出错，也不希望孩子出错。其实家长根本没有必要这么做，要让孩子独立完成作业。即便是出现错误，也可以在孩子做完之后再给孩子进行指导，这样不但能够锻炼孩子学习的积极性，同时还能够让孩子养成独立学习的习惯。

3. 激发孩子的学习兴趣。孩子对学习会产生兴趣，才能够更加主动认真地去学习，所以说家长应该想办法激发孩子的学习兴趣，比如说可以在和孩子做游戏的时候帮助孩子去学习。当孩子对学习产生兴趣之后，家长不用紧盯着孩子，孩子的门门功课都会很优秀。

4. 在孩子成绩进步的时候要夸奖孩子。当孩子考试有进步的时候，千万不要忘记夸奖孩子。当孩子考了好成绩之后，他们最希望的就是得到爸爸妈妈的夸奖，所以说在这个时候要记得夸奖孩子，让孩子明白只要自己好好学习，爸爸妈妈就会开心，孩子便会主动地去学习了。

诱孩子学，而不是逼孩子学

一般来讲，当家长发现孩子厌学时，通常会非常失望、恼怒，进而斥责孩子，逼孩子努力学习。然而教育学家发现，这样做效果通常并不好，孩子如果不是真心想学，那么再逼他也是没有用的。只有运用诱导计，以爱心、耐心、细心、恒心来帮助孩子，关爱孩子，才能点燃孩子心头的希望之火，让孩子重建上进心。

"妈妈，我今天不想去上学了！" 7 岁的南南这样对妈妈说。

"为什么？上学有什么不好吗？"

"我就是不想上学，不想去！"南南仍然坚持自己的意见。

"不行！哪有孩子不上学的道理。"南南的妈妈不答应孩子的要求。过了一会儿，妈妈又问南南："你是不是身体哪里不舒服？还是和同学相处得不好？"

"没有呀！就是不想上学。"南南很诚实地回答妈妈。

"那好吧，你给妈妈一个理由，如果妈妈认为你有道理，妈妈再考虑你的要求。"妈妈这样回答南南。

南南上学的时候就要到了，妈妈仍耐心地等待着南南的"理由"。最终南南支支吾吾地对妈妈说："我没有理由，我明天给你理由行吗？"

"你明天给妈妈理由，那妈妈就明天再考虑你的要求，但今天你必须去上学！时间到了，我们出发吧。"

在送南南去学校的路上，妈妈对南南讲了很多"爱学习的小发明家"的故事……

南南的妈妈是个懂得教育孩子的好母亲。

我们常常听到一些父母这样评议孩子："我的孩子脑子很灵，可就是不爱学习。"话中之意就是"尽管我的孩子不爱学习，但他也是一个聪明的人"。这种对待孩子学习问题的态度是很有害的。孩子不爱学习当然会让父母伤脑筋，哪一个父母不着急呢？但父母还得具体分析孩子厌学的原因，有针对性地对孩子的厌学情绪和行为做出正确的处理。

我们之所以说南南的妈妈是一个懂得教育孩子的好妈妈，是因为她面对南南的厌学情绪，耐心地进行诱导，处理得既合情合理，又达到了教育孩子的目的。假如南南的妈妈换一种教育方式，比如："你敢说不去上学？吃饱撑着啦？不上学想做什么！小小年纪就逃避学习，等你长大了，那还了得！"这样教育（训导）孩子，会收到什么效果呢？而在我们的生活中，这样的父母不是少数，他们不但没能收获到好的教育孩子的效果，反而让很多孩子变得更加厌恶学习。

我们应该明白，每一个孩子都有自己的性格特征、兴趣爱好，这种差异是极其正常的。孩子的这些性格、个性，表现在学习方面，有的孩子喜欢学习，有的孩子则不太喜欢学习，甚至于对学习还会产生种种厌恶情绪。从孩子的心理发展角度看，这样的孩子也是正常的。对此，做父母的责任不应当只是问"不上学你想做什么"，而应当帮助孩子找一找"你为什么不喜欢学习"的原因。实际上，如果父母能采取一些积极的、行之有效的措施，那么，孩子的厌学情绪是可以改变的。

厌学的孩子在心理上一般都比较脆弱，所以更希望得到别人的关怀和理解。因此家长应当多给孩子一些关怀和帮助，少一点冷语和斥责。专家认为，对待厌学的孩子，父母应该持以下几种态度。

1. 爱心

我们常说"可怜天下父母心"，以此来感叹父母对子女的无私的爱。但在现实生活中，我们又会经常听到有些父母这样抱怨自己的孩子："这么不争气，养你有什么用？""上学有什么不好？这样不爱学习的孩子扔掉算了！"也许这些都是气话，但孩子会很容易当真，而且从另一个侧面，这也反映出许多家长的一种心态——对孩子的爱不是无条件的，而是有条件的，至少需要孩子用听话、爱学习来交换。

其实爱是一种意识形态，需要有一个持久的意会过程。许多父母并不明白这一点，以为自己付出了爱，孩子就应该马上感受到，就希望孩子立刻做出回应，这实在是一种不科学的主观想法。要想改变孩子的厌学情绪，付出爱心是基本的要素之一。家长对孩子的爱是发自内心的，是无私的、不求回报的，重要的是，能让孩子感受到父母给予的爱，并为这种爱而感动、行动。

2. 耐心

生活中，一些家长常常因孩子不爱学习而斥责和打骂自己的孩子，多数原因就是家长在实施教育的时候缺乏耐心。他们常常因为孩子不能一下子领会自己的意图，不爱做功课，就火冒三丈，大声斥骂，甚至体罚孩子。这种没有耐心的教育方法，不仅起不到促进孩子爱学习的效果，相反还会使孩子产生自暴自弃和逆反心理，久而久之，更会影响亲子关系。作为家长，一定要明白，改变孩子的厌学情绪不是一件容易的事情，不能有半点儿急躁心理，也没有任何捷径可走。所以，父母需要有很好的耐心，要耐心地教育孩子，耐心地陪孩子玩，耐心地为他讲道理，耐心地听他说……

3.细心

吴女士过生日，正在读小学一年级的儿子送给她的祝福竟然是："祝妈妈每天都不会被老师批评。"大人们觉得很好笑，就说："你妈妈现在不是学生了，哪里会有老师批评她呀！"谁知孩子又说："那么我就祝妈妈每天都不会被领导批评！"大家都说这孩子小小年纪倒挺懂事的，但细心的妈妈想得更多，她从儿子给她的祝福声中感受到了儿子的内心世界。为此，当天晚上她就和儿子进行了一次长谈，终于知道了儿子说这句祝福语的前因后果。原来，儿子就读的学校是一所重点小学，学习要求比较高，有些课程教得快。智力中等的儿子跟得很累，又因为做作业动作慢，常常要被老师批评。凡此种种，儿子就觉得学习真是一件很辛苦的事情，而不被老师批评则是一件很难做到的事情。知道了孩子的处境后，这位妈妈很着急，她立刻和儿子的老师取得了联系，向老师坦言了儿子面临的困境和自己的担忧，请求老师给予帮助。老师非常重视这件事，并和孩子的母亲一起制定了富有成效的个案教育方法。后来在老师和父母的共同努力下，这个孩子终于顺利地闯过了他人生中的第一个求学关。

这位妈妈细心帮助儿子克服了厌学情绪，使儿子更快、更健康地成长，但并不是所有的孩子都像他这样幸运。当有些孩子不满现状决定离家出走的时候，当孩子因成绩不好受了委屈默默悲伤的时候，不知道他们的家长在做什么？为什么会对孩子面临的困难毫无知觉？如果不是缺乏爱心的话，最大的原因就应该是对孩子不够细心。虽然生活中不乏粗心之人，粗心这个毛病也不容易改正，但是要想成为一个好家长，就必须改变自己，在教育孩子、养育孩子的过程中，必须细心。

4. 恒心

改变孩子的厌学情绪，对家长来说是一项长期而艰巨的任务。作为家长一定要有恒心，要坚持不懈地朝着既定目标对孩子进行培养和教育，绝不能"三天打鱼，两天晒网"，更不能碰到困难就轻言放弃。

9岁的强尼是个调皮的孩子，最喜欢玩游戏，最讨厌学习。老师常常给强尼的父母打电话："强尼又逃课了！你们快管管吧！"强尼的父亲生气地说："这样坏的孩子不要管他算了！"但强尼的母亲却认为天下没有管不好的小孩子，因此一定要好好教育强尼。有一次，妈妈和强尼谈了整整一个下午，强尼向妈妈保证，以后再也不逃学了，强尼的父母都觉得很欣慰。然而还没过两天，强尼的老师又打来了电话："强尼又不见了！"当天晚上强尼很晚才回家，父母正坐在客厅里等他，他害怕极了，但父母却只是温和地招呼他吃饭，饭后又询问他没去上学的原因。强尼突然哭了起来："我以为对我这样坏的孩子，你们一定讨厌极了，你们一定会放弃我了！可你们为什么还关心我呢？"强尼再一次保证以后决不逃学，而这一次他做到了，强尼的父母再也没接到过老师的电话。等到了四年级的时候，强尼已经成了一个学习很优秀的学生。

好家长在教育孩子的时候，都有长期的计划和安排，他们深深懂得"只要功夫深，铁杵磨成针"的道理，因而绝不轻易放弃孩子，而他们的恒心、他们的坚持最终也改变了孩子。

要诱导孩子爱学习，父母首先就要把握自己的态度，只有让孩子感受到家的温暖和父母的关心，孩子才能逐渐地克服和改正他的厌学情绪和厌学行为。

利用逆反心理巧治厌学症

一些家长常为孩子的逆反心理而头疼不已，他们总是要和家长做对，越不让做的事情越要做。其实，这种逆反心理也不完全是坏事，比如，家长如果利用孩子的这种逆反心理治厌学，便会收到神奇的效果。

据说清代大将年羹尧就是中了"激发计"，才由捣蛋顽童成长为一代名将的。年羹尧 13 岁时，仍然大字不识一个，整天只知道玩耍。他父亲年遐龄，官做得很大，颇有权势，请来过不少名儒教子。但儿子太顽皮捣蛋了，就是不肯读书。老师对他客气了，他不听；对他严厉一点，他就想出种种刁钻古怪的方法来对付，把老师捉弄得狼狈不堪。所以请来一个气走一个。最后，年遐龄干脆不给他请老师了。

一天，府中忽然来了一位先生，自荐愿教年公子。来的这位先生，看上去有七十多岁年纪，他对年遐龄说："如果大人肯相信我，按照我的要求去做，三年之后，贵公子就会脱胎换骨。"

按照老先生的要求，一座花园在一个偏僻的乡村建造起来了。楼阁中堆满各类书籍，经史子集，无所不备；厅堂上排满各式兵器，刀枪剑戟，一应俱全。花园的围墙上开了个小洞，供一日三餐、送饭递水之用。园中只住教书先生与年羹尧一老一小两人，此外没有一仆一婢。

这位老先生教书的确与众不同，整天只管自己读书，对年羹尧不闻不问，连话都不跟他说一句。而年羹尧呢，觉得这正合自己的胃口，老师不管他，正可以率性而为，高兴做什么都行。于是挖池塘，填沟壑，移栽花木，全凭着自己的兴趣，天天忙得不亦乐乎，玩得痛快淋漓。

不过，这样的游戏一再重复，渐渐地他有些玩腻了。

一天午后，老师正在读书。年羹尧站在老师旁边，站了大半天，老师竟然一无所觉。年羹尧觉得十分奇怪，自己连这么大的花园都玩腻了，老师的书怎么读不腻？而且越读越有精神，这是什么道理？便忍不住脱口问道："老师每天读书，一点不觉厌烦，难道书本真的这样有趣吗？"

老先生随口答应道："味道极好，不是你能知道的，快去玩吧，不要来纠缠我。"说完，老师又低头自顾读起书来。

这下年羹尧可不高兴了，赖在老师身边不肯走，一定要看书。老先生看到年羹尧被他给"激"出兴趣来了，暗暗高兴，但又故意说："好吧，那我就教你吧！不过咱们说好了，不想学时就赶快说一声，我还有那么多书要读呢！"年羹尧想了一下说："不，我要读就要读到学问很多才行！"老先生于是先取来经史典籍，每天与他讲习；又取来兵书阵图与他分析。早晚之间，便教他舞剑使枪，传授武艺。年羹尧天性聪颖，一经专心，学无不精。

三年后，年遐龄见儿子英气俊爽，举止有礼，不再像从前那样蛮横。与他谈及学问，文韬武略，识见竟然在自己之上。他的欢喜之情，溢于言表。这才相信老先生所言果然不虚。

后来，年羹尧果然成了清朝一代名将，安邦定国，开拓边疆，建立了不朽的功业。

不管这个故事是真是假，我们都能从中学到一个教子的窍门：对于难管的孩子，我们不妨利用他的逆反心理去刺激他，比如你希望孩子去学习，但偏偏不许他去学，孩子为了"反抗"，就一定会乖乖地钻进你的"圈套"里。在这个故事里，那么多老师苦口婆心，严词教诲，都没能使年羹尧改掉顽劣，但老先生的一句"快去玩吧，不要纠缠我！"就轻轻松松地让他改变态度，潜心向学，看来激发计真是妙用无穷。

逆反心理在心智尚未成熟，年纪较小的孩子身上表现得更为突出，如果父母善于利用孩子的逆反心理，则可对他们的学习发挥更大的作用。对于孩子来说，反抗就是反抗，根本不必有什么道理，这就是孩子的心理模式。然而，父母们平时一般却都不停地要求孩子"好好学习"。那么，结果如何呢？不但孩子的厌学情绪丝毫没有得到改善，可能还会激发孩子们的反叛心理。

在治疗孩子厌学症的时候，这种逆反心理是非常有效的。试试看把平时高举的"好好学习"的标语改换成"不许学习"，甚至可以故意刺激孩子："既然你不喜欢学习，那就不要学习算了。"那么，孩子一定会说"为什么呀？我偏要学习给你看"，于是他可能主动积极地坐到书桌前面了。下面举出两种利用孩子逆反心理的方法，父母不妨一试。

1. 学习计划开始前，先让孩子远离学习

日本有一家鞋业公司经常研制出新颖美观的鞋子。这是因为他们有一项半强制性的规定：连续工作三年的员工休假两个星期，在休假期间不许考虑任何与工作有关的问题。据说休假的员工大约过了一个星期之后就特别想工作。事实上，公司老板的用意也正在这里。让员工们在这种远离工作的饥渴状态下重新接触工作，从而产生更多新鲜的创意。

在对孩子开始执行学习计划的时候，让孩子在一段时间内完全远离书本，也是一个好办法。刚开始的时候，孩子多半会很轻松惬意地玩耍，但不久他们就会感到不安，同时对学习的饥渴欲求越来越强烈，甚至会自己主动提出来要学习，这时再允许他们学习。由于对知识如饥似渴，孩子一定会非常认真，把全部精力投入到学习当中。

2. 用"不许你上学"代替"不然就送你上学"

前文已经说过了，运用逆反心理刺激孩子，对越小的孩子越有效。知道了这一点后，父母在孩子年幼的时候，就可以运用此计来激发孩子对学习的渴望。

天天4岁了，他是个淘气的男孩子，几乎没有一天不惹祸，妈妈为了教训他，就常对他说："天天，你要是再敢淘气，妈妈就送你去上学，让老师管你，看你怎么办！"天天5岁时，父母决定将孩子送去幼儿园，没想到天天说什么也不肯去，哭得满地打滚，爸爸妈妈只好把孩子带回家。这时他们开始反省自己的行为，认为是自己的言行给孩子带来了负面影响，并决定改变策略。这一次，爸爸妈妈在路上看见上学的小朋友时就故意大声说："看！这个小朋友一定是又听话、又聪明的，因为他在学校里可以学到那么多东西！"天天再不听话的时候，妈妈就会说："好吧！你尽管不听话好了，妈妈一定不许你上学！"这样一段时间后，天天开始缠着爸爸妈妈买书包，一定要去上学。

如果你的孩子不愿意去上学的话，那么不妨用这个方法试试，当你说"不许你上学"时，孩子就一定会把上学看成是一件非常神圣的事，而一定要去做，这条计策对于治年幼孩子的厌学来说，是非常有效的。

利用逆反心理治厌学时，应该掌握一个度，如果太过激烈可能会使孩子灰心丧气，因此具体运用时，不能操之过急。

激将法激发孩子好胜心

俗话说"请将不如激将"，这是什么道理呢？心理学上讲，每个人都有自尊心，但有时自尊会受到压抑，这时你故意刺激他，使他的自尊心解放出来，形成一种好胜心理，这也被称为人的心理代偿功能。激发计就巧妙地运用了人的这种心理特点，而把这个计策运用到孩子身上去，也同样有效。

下次，他会为了鸡腿考一百分！爱因斯坦有一个叔叔叫雅各布，是一个工程师，也是一个数学爱好者。

爱因斯坦小时候成绩不好，但却爱问叔叔一些奇奇怪怪的问题，叔叔总是耐心地给他解答。到读中学时，爱因斯坦对数学产生了浓厚的兴趣，数学成为他中学时代最大的业余爱好。而叔叔雅各布就经常关心爱因斯坦的数学学习。有一天叔叔和爱因斯坦聊天，谈到了代数。"究竟什么叫代数？"爱因斯坦问叔叔。

叔叔解释道："代数很简单呀，凡是不知道的东西，都把它叫作 X，然后我们一步步地来找 X，一直要到找到 X 为止，只有找到 X，我们的题目才算解出来了。"

从此以后，爱因斯坦常常听叔叔讲趣味数学题，因此他对这种藏有 X 的趣味数学题开始着了迷，他一放学就一个人在自己的桌子上又写又算。

有一天叔叔在纸上画了一个直角三角形，在各个角顶处标上了符号A、B、C，并写出一个公式，然后严肃地对爱因斯坦说："这就是大名鼎鼎的毕达哥拉斯定理，阿伯特，你在数学方面有天赋，你也来试试吧，毕达哥拉斯在两千多年前就会证明了。难道两千多年后的阿伯特就不能证明出来？"

那时爱因斯坦还未学习过几何课程，12岁的他对几何一无所知。但爱因斯坦自尊心强，而且生性好强，尤其在科学的探讨上从不肯认输，有一股钻研的蛮劲儿。他被叔叔的一席话激发了。他想："毕达哥拉斯两千多年前就会证明了，难道我阿伯特·爱因斯坦就不会做？我又算什么呢？"强烈的好胜心驱使着他，他下决心试一试。他每天苦苦思索，努力寻找证明的方法，第一周过去了，第二周也过去了，还没有任何结果。爱因斯坦并不气馁，他继续反复琢磨和思考，终于在第三周独立地把这个定理证明出来了。

爱因斯坦的叔叔雅各布在引导爱因斯坦做几何题，证明毕达哥拉斯定理时巧妙地运用了激发计，他那句"难道两千多年后的阿伯特就不能证明出来"的话极富挑战性，故意刺激爱因斯坦的自尊心，激起了爱因斯坦的自尊心、好奇心和好胜心，于是12岁的爱因斯坦虽然从未学习过几何课程，但自尊心、好奇心、好强心驱使着他，他决心试一试，凭着他的天赋和一股不服输的蛮劲儿，用了三个星期的苦苦思索，爱因斯坦终于把这个定理证明出来了。由此可见，雅各布在侄儿爱因斯坦身上运用激发计的教育方法收到了很好的效果。

而激发计之所以能奏效，还在于人体内的高级神经系统有敏感地反映外界刺激的功能，这种刺激还会引起身体内部物质的分泌，从而影响人的活动。如人生气时食欲大减，高兴时食欲大增。

要使用好激发法，除了有生理机能做基础外，还要注意方法得当。首先，被刺激的孩子要有较强的自尊心。比如《世说新语》中有一个故事，讲有一个叫周处的人"凶强侠义，为乡里所患"，许多亲朋好友都劝他学好，可他不听。不过他也有优点：有侠气，曾自告奋勇地上山打死了猛兽，下海杀死了蛟龙。于是，有一个老人为了让他改邪归正，故意激他说：乡里人有三怕，怕猛兽、蛟龙，现在这两怕都给你征服了，只剩下"一怕"了。周处问："哪一怕？"老人坦然地告诉他说："就怕你周处横行霸道啊！"周处听后，劈手自击，发誓要把这一"害"征服。从此，他痛改前非，最后成为众口称赞的好青年。周处劣根性很多，但自尊心很强，老人在这里直言他也是"一害"，用了"激将法"调动了他的自尊心，起到了平时规劝起不到的作用。但是，如果被激的孩子自尊心不强，你用"激将法"激他，也不会有什么作用。

其次，要考虑孩子的实际能力。有的孩子虽然有一定的自尊心，但天赋平平，纵使你的激将法用得再巧妙，也难以调动他的积极性，就是把积极性调动起来了，也难以达到理想的效果，有时反而适得其反。有个孩子在校学习成绩很差，他父亲对他说："这次考试你要是进不了前十名，就别进这个家门，我也没有你这个儿子。"因为这个学生基础太差，考试后仍有几门功课不及格，这个孩子便不敢再进家门，竟投河自杀了。这样的后果完全是由于这位家长不考虑孩子的实际能力，而一味刺激孩子，结果把自己的儿子给"激"死了。

最后，激发孩子要把握一个"度"。因为激发计所使用的言辞都是比较激烈的，所以，在使用这个方法时应建立在知己知彼的基础上，建立在孩子能经受"刺激"并转化为"精神能源"的基础上，如果失去了这一基础，就难以如愿以偿。另外，还要注意掌握"激"的度，即分寸，"激"不到一定程度，则引发不起"奋"，但如果"激"过了头，又会适得其反。

寓学于乐，让孩子边玩边学

有厌学情绪的孩子，通常会把学习当作一件苦差事，甚至当成一种惩罚。对于这样的孩子，我们就只能诱导出他们学习的兴趣。也就是说，我们要根据情况，顺着孩子的脾气慢慢疏导，让孩子把学习当成一件快乐的事情。专家认为，父母引导孩子将学习游戏化，就是非常有效的方法。

9岁的聪聪正如他的名字一样，是个很聪明的孩子，可就是对学习毫无兴趣，旷课、逃学都是家常便饭，打不听，骂不灵，父母、老师拿他毫无办法。有一天，聪聪独自一个人在院子里玩耍，他从杂物箱中翻出了两小块磁铁，他将其中一块放在地上，一块握在手里，地上的那块磁铁一会儿被手中的磁铁推着走，一会儿又紧紧吸在一起。这时父亲走了过来说："聪聪，你知道磁铁的奇妙之处吗？""有什么不知道的，"聪聪撇了撇嘴，"我用正面对着那块，那块磁铁就会被推着走，我把手中的磁铁转过来，它们就又会吸在一起！"爸爸笑了，"你呀，还没弄明白呢！磁铁分为正极和负极，而且'同极相斥，异极相吸！'利用这个道理还可以发电呢！""真的吗？"聪聪惊喜地问，"那我的这块是正极还是负极？为什么正极和负极就要吸在一起？"爸爸耐心地给聪聪讲了一下午，并陪他做了很多试验。当聪聪知道这都是物理学中的知识后，兴奋地告诉爸爸自己以后要做个物理学家。

在游戏中学习，在学习中游戏，这是一种很适合孩子的教育方法，对激发孩子的兴趣和求知欲大有好处。那么，怎样才能把学习游戏化呢?

1. 玩一些开发智力的猜谜游戏

父母可以试着把孩子要掌握的知识编排到游戏中去，比如说游戏填空、成语接龙等。或者把知识编进谜语，让孩子猜，猜对了给予奖励，等等。在考试之前，父母还可以和孩子一起猜一猜"明天考试会出什么题呢?"孩子为了能够猜中，很可能就会扩大复习范围，提高复习的效率。从孩子的心理来讲，如果这次体会到乐趣，以后就会主动去猜题。孩子们渐渐地就会萌发好胜心，取得的效果也就更加明显。而且，讨论有没有猜中的过程，其实也起到了复习功课的作用。简单的猜谜游戏，却能够引导孩子走上爱学习的道路。

2. 老游戏新用

有很多人对于汉字和诗词的记忆都是得益于小时候玩的汉字卡片。甚至于成年之后，仍然能够听到上句，下句脱口而出。

如果只是背诵汉字、诗歌，当然不会留下如此深刻持久的印象。因为得益于游戏，才会很自然地刻在头脑中。

对于那些不喜欢背汉字的孩子，就可以把读音和笔画写下来，做成汉字卡片。另外，用扑克牌玩"24点"等计算游戏，也是在学习算术。

3. 在找错游戏中培养孩子学习的兴趣

在家长会上经常有父母提到自己家的孩子不读书、不看报，令人担忧。然而，这些不读书、不看报的孩子也对报纸上的找错游戏很感兴趣。这种找错游戏不仅登载在大人杂志上，在那些面向儿童的报纸、杂志上也几乎都毫无例外地登载着。这就证明，不仅大人们喜欢这种找错游戏，孩子们也很欢迎。而且，令人吃惊的是大人们需要一天才能解答的问题，孩子们时常当场就能找到答案。这大概是因为孩子们充满了好奇心，所以特别热衷于这种找错游戏。

父母不应错过这个利用孩子好奇心的好机会。比如说，和孩子一起做习题集的时候，可以故意把答案说错几处。当发现这些错误的时候，孩子一定都很兴奋。如果孩子能够带着这种找错的热情把一本习题集从头到尾反复阅读的话，就会想做更多的习题集。

4. 拼图游戏寓教于乐

瑞士著名的教育学家蒙特索利先生把世界地图做成拼图游戏，把这种方法当作激发孩子学习兴趣的第一步。孩子对拼图游戏天生有一种好奇，即使那些从来不看地图的孩子听说是拼图游戏，也都聚精会神地把打散的地图拼凑起来。那种情景无论是谁看到都会感到很惊讶。孩子们都喜欢游戏，特别是拼图游戏在世界范围内都大受欢迎，经久不衰。日本自古以来就有的"嵌绘"就属于这类拼图游戏。可见这种拼图游戏从古至今都是受欢迎的。

比如说，让一个对地理毫无兴趣的孩子来做本国地图的拼图游戏。虽然他对本国地图本身是不感兴趣的，但是他却会被游戏吸引。而且，孩子们都是完美主义者，即使有一块拼图没有拼装上去也会不高兴。当他完成整个拼图的时候，本国地图的全貌一定已经深深地刻在他的脑海中了。

5. 让孩子跟自己玩个竞争游戏

孩子总是争强好胜的，在做题的时候，让孩子把自己当对手，父母为他记录一下半个小时做了多少道题，再让他不断挑战自己的纪录，如果挑战成功的话就给孩子一些奖励。这样一来，孩子的学习热情就会被调动起来，学习的效率也会大大提高。

在学习中添加游戏的因素，可以改变学习在孩子心中的印象，让学习变得生动有趣，要注意的是这是一个渐进式的过程，父母们一定要多点耐心才行。

第八章

调教而非控制，淘气孩子也能成才

世上从没有完人，要求孩子绝对听话也不现实。俗话说"淘丫头巧，淘小子好"。很多情况下，"淘气"正是孩子聪明、富于想象力和创造性的表现。因此，我们应该保护孩子的"淘气"，赏识孩子的"淘气"，甚至和孩子一起淘气，让孩子在淘气中学习，在淘气中进步。

淘孩子一样大有可为

孩子淘气是最让父母心烦的，他们精力旺盛，不停地惹是生非，给父母带来了无尽的麻烦。对于这样的孩子，一般家长的教育策略就是：严加管教，然而这样做效果并不好。有的孩子越管越"皮"，处处和父母对着干，无法无天地淘气；有的孩子被家长管得老老实实，对什么都没兴趣，家长让做什么就做什么，失去了自己的个性。其实对淘气孩子的最佳管教方式是：在约束中纵容——纵容孩子淘气，但要注意引导孩子向好的方面发展，让孩子在淘气中学到东西。

有这样一个故事：有一个孩子非常淘气，好在他有一个开明的母亲，从来不会严厉地压抑他的天性。有一天上课时，一名女学生突然发出一声惊叫："蛇！"全班顿时炸开了锅，一片呼叫声。一些学生爬上了桌子，还有一些往教室外逃。年轻的女教师慌了手脚。这个孩子却镇定地趴在桌子底下，伸手一把抓住一条蜥蜴，往一个小纸盒里一塞放进书包，若无其事地坐到位置上。班主任老师把他叫到办公室狠狠批评了一顿，并找来了孩子的母亲。其他老师都反映：这个孩子是个淘气包，贪玩，常捉弄女同学，学习成绩不好。希望家长多配合学校对他进行批评教育。

母亲把孩子领回家，但并没有批评他。因为她知道就事论事随便下结论，不分青红皂白训斥批评，是教育者的大忌。沉默了一会儿，她心平气和地问儿子："为什么要抓蜥蜴，不怕它咬么？"儿子说："它没有毒，不咬人。""是吗？你怎么知道的？""书上说的。""你什么时候抓到的？""四五天了。""这么久了，喂什么给它吃？""我没有喂它。书上说，蜥蜴饿急了会吃掉自己的尾巴，我想试一试，看看是不是真的。它至今还没有吃掉尾巴。"母亲笑着拍了拍儿子的肩膀，鼓励他把实验做下去，并告诉他如何做好观察记录，同时向他指出：不该将蜥蜴带到学校。两个星期后，儿子兴奋地告诉母亲："蜥蜴的尾巴不见了。"母子一起剖开蜥蜴，在肚子里找到了尾巴。孩子高兴得不得了。正在这时，市里要举行科技小发明小论文竞赛。母亲就鼓励孩子把蜥蜴实验的记录写成一篇观察报告，结果这篇报告获得了小论文二等奖。那天放学后，孩子把奖状端端正正捧在胸前，在同学羡慕的眼光里走出校门。

后来，同学们选他担任科技活动小组组长，又成为班里的学习委员。

这个事例告诉了我们这样一个道理：淘气的孩子并不是一无可取，只要父母管教得当，孩子就会大有可为。

欧美很多国家对儿童教育的研究显示，淘气的孩子往往最具有坚强的意志力，而且通常很聪明。事实上，有时候孩子的淘气行为就是他具有开拓精神与创造力的一种表现。所以，父母应避免过分压抑孩子的反抗心理，顺势而为，开发"淘气包"的聪明潜力。

为了有效地开发淘气孩子的潜能，为了让孩子从错误中成长，专家给出了以下建议：

1. 引导孩子改过

接纳孩子已犯的错误，注重事后的引导是十分重要的，并给予孩子改过的机会，使其从改过的过程中领悟出道理；否则，反正父母是不再给自己机会，也不再对自己存希望，还用改过吗？进步的效果也就达不到了。

"纵容"孩子淘气，并不等于对他们的过错不闻不问，否则，亦达不到启发孩子的效果。所以，给予孩子正确的解释，让他们知道犯错误的原因何在，请孩子想想避免或改过的方法，从中学习。

2. 不要随便责骂孩子

责备孩子前，先站在孩子的立场设想一下，想想他们的能力、感觉。例如孩子吃饭时打破了饭碗。"饭碗太大了，你的小手不够大吧？""所以，吃饭时就最好不要东张西望、看电视啦！"孩子也就觉得父母替自己设想，不是完全责怪自己，会发出内心的自我反省，不再存心推卸，并尽力避免下次再犯。

3. 帮孩子分担一部分责任

替孩子分担一小部分责任，减轻他们的心理负担，亦有助于他们反省。在孩子年龄较小时，不应给予太多责备，目的只在于给他们认错及思考、吸取教训的机会。

"纵容"孩子淘气，关键在于引导孩子，让孩子在淘气中有所得，若一味纵容孩子而不加引导，那就是溺爱孩子了。

孩子贪玩不是毛病

孩子贪玩，是一个令父母感到头痛的问题。其实，父母们应该知道，玩是孩子的一种天性，是他们对周围世界感到好奇的行为表现，事实上，很多孩子往往是在玩耍中学到知识，加深对客观世界的认识的。哈佛大学著名儿童心理学专家组成的"发现天赋少儿培育计划"课题组，在对世界各地近 3000 名 10 岁以下儿童进行跟踪调查后发现，在被认为是聪明过人的孩子里，87% 都有"强烈的好玩之心"。因此不要把你的孩子限定在你规定的"框架"里，"纵容"你的孩子开怀地玩耍吧，也许你会培养出一个好玩的好孩子。

朱畅从小就是个特别贪玩的孩子。每天放学后，朱畅不是拿着他自制的"捕虫器"到田野里捉虫子，就是带着其他几个孩子拿着一个放大镜到田间地头，观察庄稼的叶子。

有一段时间，父母对朱畅贪玩的行为十分恼怒，还多次没收了朱畅的一些玩耍工具。但这并不能阻止孩子的贪玩，朱畅总是有很多的"鬼点子"，今天玩耍的工具被没收了，明天他又能做出一个其他的玩耍工具。老师说朱畅够聪明，只是没有把主要精力用在学习上，所以学习成绩平平。爸爸妈妈更是着急，不知道究竟怎么办才好！

小学毕业后，朱畅并没有考进"重点"中学，在一所普通中学里学习成绩也只是"中等偏上"而已。但朱畅制作航空模型的水平却是出了名的，他制作的航空模型不但在学校和市里获了奖，而且还参加过省级赛事。2002 年，朱畅还是一名初三的学生，那一年在老师的指导下，由他设计的航空模型获得了全国大奖……

教育学家认为：对于孩子来说，玩是学习，游戏是学习，学习本身也是学习。事实上，我们也很难找到一个不喜欢玩的孩子！父母之所以害怕孩子玩，是怕孩子玩得太出格了，因此限制孩子玩。

一个懂得教育孩子、会培养孩子的父母，理应把陪孩子玩，当成亲子教育中最重要的一环。让孩子充当"玩"的主角儿，感受玩的乐趣，在玩中加深对世界的认识，这才是我们的任务。

在与孩子玩的过程中，父母可结合"玩"的内容，培养、引导孩子对事物的兴趣。比如，捉蜻蜓后，引导孩子观察蜻蜓的外形，看看它们各有什么特征，有什么相同和不同的地方，再把它们与其他种类的昆虫比一比，让孩子对自然界的各种小生物发生兴趣。

陪孩子玩，也是引导孩子开阔视野，开拓思维的好途径。比如，父母发现孩子喜欢玩汽车玩具，在陪玩中就可向孩子介绍不同种类的汽车，以后再带孩子去参观汽车展览会，扩大孩子的视野，孩子会饶有兴趣地了解各式各样的汽车，在现实生活中和孩子一起观察汽车，获得更多的知识，启发孩子的求知欲望。

同时，玩也是培养孩子良好品德的有效方法。父母在陪孩子玩的过程中，可以针对各种情况进行品德的培养。如带孩子去公园，要教育孩子爱护花木，爬山时不怕苦、不怕累，摔跤了要勇敢，不要破坏文物等。带孩子看电影，就应跟孩子一起做个文明的观众，不大声喧哗，不乱丢果皮纸屑，等等。

为了帮助家长们更准确地引导孩子，建议家长在三个方面多下功夫：

1.观察孩子的喜好

对于贪玩的孩子，父母应该注意细心观察孩子爱玩什么，怎么玩……分析这样玩对孩子身心健康是否有益，是否妨碍和伤害到其他人的利益，是否对社会环境产生不良的影响等。千万不要不分青红皂白就对贪玩的孩子主观地横加干预。

2.引导孩子去玩

贪玩的孩子兴趣爱好往往十分广泛，聪明的父母不是限制孩子玩，而是把孩子的爱好引向更科学、合理，有助于身心健康的方面。孩子如果爱好广泛又比较贪玩，他们往往玩起来认真投入，不能自制。父母应该怎样做呢？我们不妨看看下面这个例子：

小宇喜欢踢足球，放学后就在楼下的小路上踢。尽管场地狭小，仍然玩得汗流满面，还曾踢碎过人家的玻璃。后来父母分析，孩子喜欢踢足球是件好事，他在体育课中的长跑项目没有达标，而踢足球也是锻炼长跑的好机会。于是父母阻止了孩子在楼下踢球，而是在周末带他到学校的操场上去踢，这一下孩子玩得更尽兴了，这样做的结果既保护了孩子的兴趣，又弥补了体育课中孩子的弱项。

3. 帮孩子合理安排玩的时间

孩子的兴趣广泛，又得不到合理的安排，往往在玩的时候投入的精力多，占用的时间长，没有节制地玩，造成"贪玩"。改变孩子贪玩的现象，应该是父母帮助孩子合理地安排和选择"玩什么""怎么玩"和"什么时间玩"，使孩子能够在"玩"中受益。如父母不妨训练他的骑车、游泳等基本技能。有条件还可以经常带他们郊游、爬山、参观博物馆等。

孩子在"玩"的过程中不仅能开阔视野，同时也能增长知识。因此家长应当鼓励孩子去玩，不要把孩子的一举一动都限制在框框里。

别怕孩子搞"破坏"

给孩子新买的电动车，被孩子拆得七零八落；爸爸旅游时带回来的工艺品小木船，也被孩子给"分解"成一块块碎木片……这几乎是每位家长都会遇到的情况，那么家长们在这种情况下通常会有什么反应呢？大声呵斥，耐心劝导？不，我们给家长的建议是您不妨纵容孩子一次，满足孩子的好奇心，让孩子在"搞破坏"中提高创造力，不也是一件好事吗？

希尔是个生活刻板严谨的人，做事情总是规规矩矩。但这么一个讲究纪律的人，却有一个最调皮捣蛋的儿子布鲁克林。

布鲁克林是个9岁的孩子，成天都在不停地动，不知疲倦地摔碎器皿，弄坏东西，惹是生非。他与他的父亲在个性上是两个极端，因此两父子之间的战争一天之中不知要发生多少次。

有一次，布鲁克林把舅舅送给他的望远镜拆开了，想看看里面究竟藏了些什么，这自然会招致他父亲的愤怒。不过，拆东西可算是布鲁克林最大的爱好了，凡是让他感到好奇的东西，都逃不过被拆的命运，当然因此他也没少挨父母的打骂。可是无论父亲怎么打骂，他的这个毛病始终也改不了。

还有一次，布鲁克林竟然把一块金表给拆开了，要知道这块表是布鲁克林故去的爷爷留下来的遗物，有七十多年的历史。希尔一直十分珍惜，总是带在怀里，从不离身。不久前表出了点故障，必须拿去修理，哪知还没来得及修，就被他这个调皮的儿子给翻了出来。现在这表被大卸八块，零件散落了一地。希尔立即暴跳如雷，一耳光将儿子扇得坐在地上，而且还准备再冲上去打他一顿。

然而妻子却拦住了他，"请不要打了，你这样打孩子太过分了。"

希尔火冒三丈地说："不，这是他应得的！你看他把我的表弄成什么样子。"

"布鲁克林是弄坏了表，但是你认为一块表比自己的儿子更重要吗？"

这时，布鲁克林抽抽咽咽地辩解说："我没弄坏表……我只想帮你把它修理好……"

妻子在一旁气愤地说道："不管布鲁克林是修表还是拆表，你都不应该打他，恐怕又一个'爱迪生'就这样被你给'枪毙'了。"

希尔愣了一下，问道："我不懂你这话是什么意思？"

"孩子拆开金表，他也只是想知道金表里到底有什么，这是一种好奇心，这是有求知欲和想象力的表现，也是一种创造。如果你是一个明智的父亲，就不应该打孩子，而应该理解孩子，要给孩子提供从小就能够动手的机会。"

妻子的话给了希尔很大触动，当天晚上他带着金表零件来到儿子的房间，在真诚地向儿子道了歉之后，主动提出和儿子一起修理金表。小布鲁克林原谅了父亲，并答应和父亲一起修理。在这个过程中，希尔才发现儿子原来如此聪明，手指也非常灵巧，他记得零件应该放在什么位置，甚至还能说出一些零件在手表中所起到的作用。

研究人员发现，手指活动灵巧的孩子，大脑的思维活动往往非常活跃。在手工活动中，孩子进行的拆装、黏接、装配等一系列动作，都要通过听、视、触等感觉系统传入大脑的运动区，再由大脑的运动区发出指令，不断地调整手的动作，这样反复循环刺激，能使脑细胞的功能得到加强，思维水平得以提高。因此，孩子在他们感兴趣的手工活动中，能够得到智能的发展。

遗憾的是很多父母在不知不觉中，总是以种种理由抑止孩子这一好奇心驱使下的美好天性。

想培养孩子成才就不要怕麻烦，认为孩子搞手工劳动要摊放材料、工具，弄得家里凌乱不堪；也不要怕孩子弄脏衣服、弄脏了手。父母不妨为孩子提供专门的衣服、擦手的抹布。至于孩子使用剪刀、针等危险工具，父母开始可以指导孩子使用，以后再逐步让孩子独立使用。这样既可以避免孩子初次使用时受到伤害，也能达到训练孩子心、眼、手的协调性和灵活性的目的。实际上，在一些"破坏活动"中，只要注意培养孩子的一些好习惯，许多问题都可解决好。父母千万不要因小失大，使孩子失去锻炼自己的机会。

此外，爸爸妈妈们不仅要纵容孩子搞"破坏"，还要鼓励孩子把破坏掉的东西复原，这样才能使孩子动手的信心得到加强，有利于孩子创造能力的发展。

不要扼杀孩子的猎奇心

有个小男孩，经常缠着妈妈给他讲故事。一天，妈妈给他讲聪明的小白兔战胜可恶的大灰狼的故事。他不解地问妈妈："为什么小白兔就是好的，大灰狼就是坏的呢？"妈妈先是愣了一下，接着狠狠给了儿子一个耳光，她声色俱厉地说："笨蛋，这难道还用问吗？这不是显而易见的吗？"

男孩"哇"的一声哭了。妈妈不耐烦，又狠狠地抽了儿子两下说："哭，哭，有什么好哭的，这么笨还好意思哭！"

男孩莫名其妙地挨了打，却不知道自己错在哪里。那天晚上，他躺在床上，心里愤愤地想，你是大人就可以不回答我的问题，就可以不讲理吗？你力气大就可以随便打我吗？从此他不再缠着妈妈讲故事，也失去了听故事思索提问的好奇心，但心中却留下了仇恨。

这位妈妈怎么也不会相信，自己一记重重的耳光，不仅剥夺了儿子爱思考的好习惯，也打跑了儿子的自尊心。学问就是"学"和"问"，意思就是一定要学着怎样去问问题。学习不思索、不质疑、不提问，怎么能是真正的学问呢？

孩子能够提出问题，表明他经过了认真的思考。不管孩子提出的问题是多么天真幼稚、多么搞笑、多么不可思议，父母也都要抱以鼓励的态度，保护孩子这种用心思考的精神。

培养孩子勤于思考的习惯，就要认真而有耐性地回答孩子的提问，并给予肯定和鼓励。只有这样，才能激起孩子爱思考的好奇心。

在飞机上，一位妈妈与她的两个孩子一直在讨论一些有趣的问题。比如飞机怎样飞，飞机在飞的时候为什么"不会动"，飞机上的窗户为什么不能够打开，这么大的飞机是怎么飞上天的，为什么人不会飞等。

对于孩子提出的每一个问题，母亲总是耐心地回答。当然，母亲并不能准确回答每一个问题，那她就和孩子热烈地讨论着，孩子的兴趣越来越大，提出了绝大部分成年人没想到而且回答不了的问题。

孩子的好奇心既是孩子思考的温床，也是孩子提问的源泉，所以想要培养孩子勤于思考的习惯，就绝不能扼杀了孩子的好奇心。

孔子在《论语》中告诉人们："学而不思则罔。"洛克威尔曾说："真知灼见，首先来自多思善疑。"先贤哲人都认为，思考是学习的点金术。

正是如此，瓦特看到水开了，在不懈的思考中发明了第一台蒸汽机；牛顿看到苹果落地，经过冥思苦想，发现了万有引力定律……由此可见，善于思考者必定受益无穷。如果父母从孩子小时候起，就培养他勤于思考的习惯，那么这对于孩子的学习成长将会非常有益。

有一个孩子，从牙牙学语时起，父母就很注意培养他动脑的习惯。父母去商店买油盐，就带上他，让他去看售货员打算盘，做计算。很快，这个孩子对奇妙的阿拉伯数字产生了浓厚的兴趣。回到家，父母便教他学习简单的加减法。

过春节，父母忙着做汤圆，母亲便问他："数一数，做了多少个？"

"28 个！"这个孩子一一数完了，响亮地回答。

"再做几个，每人就能都吃到 10 个汤圆呢？"母亲启发他。

"再做两个就够了！"

当这个孩子再长大一些，父母就让他独自到店里买油打醋。每次买东西回来，他把账都报得一清二楚。就是这种让孩子处理问题的方法培养了他勤于思考的习惯。

因为拥有勤于思考的习惯，上学后他的智力超出常人许多。在短短的数年内，他便学完了别人用 10 年才能学完的功课。

这个孩子就是顺利考上中国科技大学的 15 岁大学生施展。

由此可见，培养孩子勤于思考的好习惯，非常有益于孩子的学习和成长。善于思考是一种好习惯，它能传承精华，去除糟粕，是孕育智慧的火花。家长绝不能因为孩子的问题繁多、幼稚而熄灭了孩子孕育智慧的火花。

支持孩子的异想天开

天空是飞机的世界，学习就像飞机在知识的天空中飞翔，而想象力就是飞机的翅膀，有了想象的翅膀，飞机才能够在知识的天空中飞翔。

达尔文从小就是一个想象力很丰富的孩子，他尤其热爱大自然，喜欢探险、采集各种标本。

他的父母对培养儿子的想象力很重视，总是想方设法地满足孩子的兴趣和爱好，鼓励他努力学习，探索真理，这为达尔文以后成为闻名于世的生物学家产生了很大的影响。

一天，小达尔文和妈妈一起到花园里种树。妈妈对达尔文说："泥土是个宝，小树只有在泥土中才能长成参天大树。别小看这泥土，它能长出青草，青草又喂肥了牛羊，我们才有奶喝，才有肉吃；是它长出了小麦和棉花，我们才有饭吃，才能填饱肚子，才有衣服可以御寒。泥土太宝贵了。"

这些话，让小达尔文想到了一个问题，他疑惑地问："妈妈，那泥土里能不能长出小狗来呢？"

"当然不能呀！"妈妈笑着说，"小狗不是泥土里长出来的，是从狗妈妈的肚子里生出来的。"

达尔文又问："我是妈妈生的，妈妈是妈妈的妈妈生的，对吗？"

"对呀！所有的人都是他自己的妈妈生的。"妈妈微笑地回答。

"那最早的妈妈又是谁生的？"达尔文接着问。

"是上帝！"妈妈说。

"那上帝是谁生的呢？"小达尔文穷追不舍地问。

妈妈一时答不上来了。她对达尔文说："儿子，世界上有好多事情对我们来说是个谜，你快快长大吧，这些谜需要你去解释呢！"

就这样，达尔文怀着想象，不断地去探索、追寻，最后他成了闻名于世的生物学家。

如果达尔文没有想象力，那么今天的"进化论"也许就不会存在了。而达尔文的父母最成功之处，就在于支持儿子的想象力。

每个孩子都有自己独特的想象空间，不同的父母将挖掘不同的宝藏。所以，我们要让孩子拥有丰富的想象力，帮他们挖掘出最大的宝藏。

培养孩子的想象力，就应该支持和鼓励孩子的"异想天开"。现代速算法的创始人史丰收能有震惊世界的成就，就得益于他小时候的异想天开。

史丰收小时候总是主动地做一些"离谱"的事，说一些"异想天开"的话。他曾把死兔子放在炕上，想把它烤热救活，他也曾缠着大人问人死了为什么不能再活……

上幼儿园时，老师教孩子们写"大小"二字，史丰收却按照自己的理解将"小"字写成"十"字。老师给他纠正，说他写得不对，但小丰收不服气地辩解说："'大'字两条腿向外伸得大大的，'小'字两条腿应该向中间缩得小小的，所以小应该写成'十'。"他的一番荒诞不经的解释让老师又想笑又生气。

后来，上了小学，在学四则运算的时候，史丰收提出一个"离经叛道"的问题："运算时能不能从高位算起呢？"老师没有批评他问得奇怪，而是鼓励他说："古今中外，几千年来都是从低位算起的，这是古人总结的经验，你要是有本事，也可以发明创造吗！"

正是老师在课堂教学中站好了创新的制高点，对史丰收的成长给予了鼓励。才使他在那个特殊的年代，一直"异想天开"下去，他不但天天想、时时想，而且无论是吃饭时，还是在走道时，他都在想象着。长大后，他终于成了中国家喻户晓的名人。

由此可见，支持孩子的"异想天开"，会使孩子在将来得到意想不到的收获。

培养孩子的想象力，家长可以参考以下几点去做：

1.在游戏中提升孩子的想象力

游戏是孩子的主要活动，父母可以在孩子游戏时鼓励他们自己提出游戏的主题和内容，如果形成了习惯，孩子的想象能力就会迅速得到提高。

2.让孩子多接触图画，包括多看和多画

父母应多带孩子观察大自然和多看知识性、趣味性强的图片，这些是孩子展开想象的立足点。在此基础上教孩子画画，鼓励其把头脑中想象的东西画出来。开始时，父母可以先画一些基本线条，告诉孩子要画什么，再让孩子根据自己的想象把画画完。孩子喜欢画画，父母最好不要代拟主题和内容，要让孩子想画什么就画什么，这样才能令孩子有广阔的想象空间。此外，父母可以画一幅未完成的画，让孩子想象并补画其余内容，构成一个完整的画面。

3. 多给孩子讲童话故事

童话故事适合孩子想象的特点，常常听童话故事的孩子的想象能力比不听、少听童话故事的孩子要丰富得多。最主要的是父母讲完后，让孩子马上复述。孩子可能在复述中有添枝加叶的地方，只要主题大意不变，父母就应该鼓励。千万不要泼冷水，以免挫伤孩子想象的积极性。父母给孩子讲故事，有时可讲到一定的地方不往下讲，引导孩子自己对以后的故事情节进行想象。

4. 让孩子进行"情景描述"

父母可以常常和孩子做这样的游戏，比如，父母说："这是一个下雪天，想想看是什么样子？"孩子根据他的想象进行描述。反过来，孩子也可以问父母："这是一个下雨天，想想看是什么样子？"此时父母应尽量认真细致地描述一番，从中给孩子一些启发。诸如此类的问题有很多。在想象时，孩子的水平会有差别，父母要引导孩子讲述更加丰富的内容，让孩子尽情地说出他的想法。即使他的答案很滑稽，甚至不合逻辑，都不要批评，唯有父母的倾听、接纳才能引导出孩子更好的答案。

想象力比知识更重要，因为知识是有限的，而想象力概括着世界的一切，推动着世界进步，并且是知识进化的源泉。严格地说，想象力是科学研究的实在因素。

陪孩子一起去冒险

　　每个父母都希望自己的孩子具备勇敢的品质，但有些孩子胆子却很小。比如有的孩子每当父母不在身边时就会感到害怕，有的孩子怕黑，有的孩子怕"鬼怪"等。这是在培养孩子的过程中经常遇到的问题。

　　为了避免以上问题的出现，家长应该在日常的小事中就注意培养孩子的勇敢精神。

　　一个星期天的早上，一个美国家庭决定全家去爬山。在爬一个小坡时，3岁的福特一步一回头，不停地看着爸爸，很想让爸爸把他抱上去。爸爸似乎有意要锻炼他一下，并不看他，只是不停地向上爬。

　　因为爸爸知道，虽然是第一次爬坡，可小福特是可以爬上去的，这是锻炼孩子胆量与技巧的一个绝好机会。福特看爸爸并不来帮助自己，只得小心翼翼地往上爬，但还是不时地看着爸爸，不过，每次都看到爸爸鼓励的眼神。终于，小福特在没有别人帮助的情况下，自己爬到了山坡上。

　　"福特，你真勇敢。"

　　听着爸爸的表扬，小福特心里很高兴，小脸笑成了一朵花。

　　孩子的勇敢精神，是从小被父母培养起来的。如果孩子在第一次面临小困难时，父母能够给予孩子鼓励，那么孩子就能够勇敢地走下去，而且将这次勇敢的成功作为下次勇敢的资本；如果父母这也怕那也怕，害怕自己的孩子磕着碰着，不论什么事情都不敢让孩子自己去尝试，那么孩子就不会有勇敢的资本，更不会有勇敢的精神。

培养孩子的勇敢精神，家长应该从日常生活中的一点一滴做起，培养他们"敢"字当头的勇敢精神。

有一次，小立着凉患了感冒，吃了一些药仍不见好转。妈妈只好带他到医院看病，医生建议要打针，否则高烧可能引起肺炎。可妈妈听到后有些担心，不自觉地皱起了眉头。

小立第一次听到"打针"这个词，然后看到妈妈神情紧张，又看到医生忙碌地摆弄针头和药品，就"哇"的一声哭起来。当医生把注射器扎下去时，小立哭得更厉害了，妈妈后来知道是自己紧张的神情影响了小立，她决定第二天采取另一种态度。

第二天，妈妈又带小立去医院打针。小立一看到昨天那个医生就立刻哭起来，这一次，妈妈平静地说："小立，打针没什么可怕的，你昨天不是刚打过吗？没什么啊。"

"可是，我怕疼……"

"疼有什么好怕的，妈妈小时候不知道打过多少次针呢，为了治病，这点疼算得了什么？我相信你是个勇敢的孩子。"

小立听到"勇敢"这个词，顿时忘了害怕，这一次，他不仅没有哭，还和医生聊起了天。

由此可见，很多时候，锻炼孩子的勇气，往往是对父母勇气的考验。如果父母对困难或危险感到害怕，那么他们培养出来的孩子就不可能勇敢。每当孩子遇到"棘手"的事情或遇到困难时，父母应该给予鼓励，让孩子勇敢地去闯，那么孩子也是能闯过去的。

庞秀玉的三个孩子自从出生以来，由于家庭变故及经济条件的限制，从来没有进过公园。

前些天，庞秀玉带着三个孩子来到人民公园，三个小家伙立刻撒开了欢儿，老大要爬假山，老二要去草坪上捉蝴蝶，老三则非要开"坦克"。三个孩子朝着三个不同的方向使劲儿拽着妈妈的衣襟，一时间庞秀玉被搞得焦头烂额。

"谁大听谁的。"妈妈提高了嗓门，三个孩子顿时安静了下来，广韵、广雅小姐妹还有些愤愤不平。因为身旁的大哥正朝她俩做着"鬼脸"，嘟囔着"我大"。

站在"航天飞机"前，三个孩子再也不想动了，大眼睛死死地盯着正在头顶上"飞翔"的"飞机"。但当给他们买好票，送他们上"飞机"时，广韵、广雅小姐妹却没有征兆地哭出声来，拽着妈妈死活不肯上"飞机"。

最终，还是大哥最为"勇敢"，咬牙跺脚地上了飞机，条件是必须由妈妈陪伴。5分钟的飞行很快结束，走下"飞机"时，这个小家伙的额头已经沁满汗珠，手心也是冰凉冰凉的，可却依然保持着勇敢者的姿态，不断东张西望寻找着两个妹妹。

此时的广韵、广雅小姐妹已经在妈妈的一再鼓励下壮着胆子走上了旋转滑梯，很快，银铃般的笑声连成了串。

可见只有让孩子勇于尝试，他才能知道事情的真相；只有锻炼孩子的勇气，才能让孩子变得勇敢。每一个孩子都是一个天才，重要的是大人们要去挖掘。培养孩子的勇敢精神也是一样，只要家长肯给孩子鼓励，那么孩子是不难做到勇敢的。

培养孩子的冒险精神，家长可以从以下几点做起：

1. 父母要找到孩子的恐惧源

只要找到孩子的恐惧源，才能对症下药，给予孩子适当的教育和引导。一个幼年孩子也许会怕黑暗、动物、噪声、陌生人等，大一些的孩子可能会害怕被同龄人遗弃、害怕失败、害怕失去亲人、害怕原子弹爆炸后的人类灭绝等。

2. 帮助孩子克服恐惧的心理

如果孩子害怕的东西很实际（例如怕狗或是怕黑），那就要和孩子一起面对它，只有经过耐心的循序渐进的鼓励和引导，孩子才会慢慢克服恐惧的心理。

3. 让孩子在挑战的环境中锻炼勇气

我们不仅仅要帮助孩子克服恐惧心理，还要把孩子放在充满挑战的环境中，让孩子得到勇气的锻炼。只有经过失败和风险的磨炼，孩子才会真正勇敢起来。例如，骑马、搏击、潜水、登山、探险、极限生存挑战等，都是孩子锻炼体能和勇气的方式。但是，要想超越感情和精神的极限，就需要大量的时间和人生经验了。

第九章

期望值适当，别把孩子压成侏儒

　　家长对孩子常有两种极端心理，都是非常有害的：一是忽视；二是希望太切。忽视则任其像茅草一样自生自灭；期望太切不免揠苗助长，反而促其夭折。所以父母对孩子的期望值既不能过高，也不能太低。期望值太高会使孩子觉得根本无望实现而放弃努力。若期望值太低，则不利于挖掘其潜能，有碍于孩子良好个性的形成。

望子成龙要尊重实际

望子成龙、望女成凤是中国父母的普遍心态。从孩子很小的时候起，他们就对孩子有一大串的期望，期望孩子从小学到大学一路"重点"，最后再出国深造，成为博士，期望孩子功课好、分数高、力争年年被评上三好学生；期望孩子有特长，能在数学竞赛中获奖、能在英语大赛中获奖、能在书法比赛中获奖、能在钢琴比赛中获奖、能在体育比赛中获奖……这些期望就像一副重担，狠狠地压在了孩子的肩膀上。

其实，父母期望孩子成才这一点是可以理解的，但期望也应该以现实为基础，如果父母的期望值过高，背离了孩子身心发展的内在规律，那么就可能给孩子带来过重的心理负担，影响孩子的发展。

小雨是从一路辉煌中走过来的，她上小学时，是市里的心算冠军，还曾屡次在高手如云的全国数学奥林匹克竞赛中获奖；她的英语非常好，上初中时曾代表学校参加过省英语口语大赛……上高中后，妈妈告诉她："以你的水平、实力，上高中一定要在班里拿第一！这样将来才有希望考清华、北大。"小雨觉得很痛苦，她觉得自己的能力似乎已经到极限了，重点高中里人才济济，自己哪有那么容易考第一。妈妈看出了她的烦躁，但非但没有安慰她，反而还斥责她："整天心浮气躁，你要是不拿第一，看我不打折你的腿！"小雨在日记中写道："爸爸妈妈永远也不会真正地为我着想，他们有要做成功者的愿望，我就得成为过河的卒子，拼命向前。"期末考试结束了，小雨拿到了她的成绩单，她离第一名还有好远。那天下午，小雨没有上课，趁父母不在家，她收拾好东西，带上一些钱离家出走了。

父母期望孩子早日成才，期望孩子出类拔萃，这种心情本是合理的。但也不能否认，任何事物都应该掌握好尺度，要根据实际状况，采取科学的方法，千万不能在教育孩子的过程中，怀着不切实际的"期望"，走向极端。父母总是用成人的心态和眼光看待孩子的内心世界和能力，对孩子的能力发展、情绪状态、心智方面都有过高的估计。父母在这种自我沉迷的状态下不能清醒地认识问题，久而久之，使自己的行为成了一种惯性和教条。最终给孩子造成了巨大的精神压力，使孩子对受教育的感受越来越沉重，越来越没兴趣和信心，甚至还导致孩子心态失衡，走上极端。

因此，该到了给孩子"减负"的时候了，不要总是给孩子太多压力、负担，对孩子的期望要合情合理，要让孩子能够看到成功的希望，"轻装上阵"不是更有利于远行吗？

涛涛上初二了，成绩中等偏上一点，这让他的爸爸很着急，再这样下去，重点高中就没戏了。于是夫妻俩齐上阵，一起督促涛涛学习，还不断给他讲一些"考不上重点高中，将来就很难考上重点大学"的道理，不过这样做似乎完全没效果，期中考试成绩一点没进步，老师还反映说，涛涛变得内向了许多，夫妻俩只好带着儿子去看心理医生。几天后，心理医生告诉这对望子成龙心切的夫妻，他们的儿子有忧郁症的倾向，主要是因为心理压力过大。那怎么办呢？医生给他们支了一招"减负计"。

回家后，夫妻俩找儿子谈了一次话，爸爸说："涛涛，我们为你好，但却似乎给了你太大的压力，现在我们认为应该按你现在的成绩对你提出要求。你现在是中等偏上，那就加把劲儿考市五中吧！五中虽不是重点，但听说教育质量也不错。""爸爸，你说的是真的吗？"涛涛眼睛亮了起来。"当然是真的了！不过，你不可以因为我们降低了要求就不认真学习，知道吗？"涛涛连忙点头。从那以后，涛涛的脸上开始有了笑容，而且也不再用父母督促着学习。中考结束了，当父母准备送儿子去五中时，却出现了一个戏剧性的转折——涛涛的分数超过重点高中的分数线17分，涛涛竟然考上了重点高中！爸爸奇怪地问涛涛怎么考的，孩子笑着说："没有压力、轻装上阵自然发挥得好！"有了这次经历，涛涛的父母决定今后要将"减负"进行到底。

教育孩子，应从孩子的实际出发，顾及孩子的爱好与特长。如果只根据家长的兴趣和愿望，那么孩子只会走向相反的道路。在高期望值的支配下，父母评判孩子好坏的标准往往会严重失衡。孩子教育的成败也多以考试分数或指令孩子所学的一门特长的成效来衡量。这实际上是家长自己背上的一个错误而沉重的包袱。因此，父母在教育孩子时，应注意给孩子"减负"而不是加压。不要以为孩子在很大压力下才会出人头地。教子成功的父母一般绝不给孩子太多的期望压力，因为让他放松身心、缓和情绪反而更好。

给孩子过高的期望，会让孩子因压力过大而崩溃；降低你的期望，为孩子减去过重的负担，却可以使孩子轻松自如地前行。

高压会逼迫孩子逃离

现在离家出走的孩子越来越多了，原因是多种多样的，不过大多数都是因为受不了父母的"高压"政策，因而选择了逃避。于是，这些孩子的父母痛苦、懊悔，可是说什么都已经晚了。当初何必要给孩子那么大的压力呢？孩子的承受能力实在是非常有限的。

有这样一个家庭：母亲是位教育工作者，连续七年被评为优秀教师，父亲是一个律师，自己开着一家律师事务所。这对夫妻有一个儿子正在读高中，而这个孩子却不像父母那样优秀，父母提起他来就是"我那不争气的儿子"。

别让自己的孩子超载行驶。儿子小时候聪明活泼，夫妇俩想尽办法为他创造条件：让他上各种兴趣班、提高班，还买了许多辅导书给他看。可是孩子的学习成绩始终没有达到他们的要求。小学时，孩子的学习成绩在班级属中上水平，进入初中后，他逐渐变得不听话，常常和父母唱反调，对学习厌烦，学习成绩明显下降。读初三时，常常逃学。为此父母斥责过他无数次。结果一天清晨，夫妇俩发现儿子不辞而别，书桌上留了一封信……

亲爱的爸爸、妈妈：

我走了，我实在是不配当你们的儿子。你们那么优秀，而我是如此的平庸，学习上我实在无法达到你们的要求，让你们丢脸了。

其实我也曾想把书读好，可不知怎么就是提不起兴趣来。我感到压力太大，喘不过气来。的确，你们为我创造了良好的读书环境，给我买了许多中外名著、课外辅导书籍，还给我一间书房读书，可你们越这样我就越怕让你们失望。

我很感激你们，也知道你们对我的爱和期望。但同时你们也剥夺了我作为孩子玩耍的权利，使我失去了很多乐趣。你们不允许我外出和同学玩，说这是在浪费时间，还怕我学坏。我的业余时间除了读书还是读书。我几乎没什么知心朋友。你们工作又那么忙，很少与我交流，即使是找我谈话也永远是那个主题——好好读书，要求我达到很高的分数。

上周的测试成绩出来了，我又没考到80分，你们知道了，又要骂我了吧？我觉得这个家里已容不下一个不爱读书的人。我走了，请别找我。

儿子

后来，父母在火车站附近找到了孩子。但回到家里，儿子表示不想读书了，否则他还会离家出走。父母只好答应他的要求，让他休学在家。

"我的父母也是教师，家里的兄弟姐妹都是知识分子，我的侄女上了大学，外甥进了重点高中。可偏偏我的儿子不争气，给我丢尽了脸面。我当了这么多年老师，教的学生也可谓桃李满天下了，却教不好自己的儿子，这是什么原因呢？"这位母亲道出了心中的疑惑。

可以说，孩子的离家出走，完全是父母的高压政策所致。父母想通过给孩子加压，让他考出好成绩，以满足自己与同事、亲友攀比的心理，却不顾孩子的兴趣所在，一味地要求他参加各种学习班，剥夺了孩子交友和玩耍的权利，使孩子失去了和同龄人交往的机会，使孩子感到生活枯燥无味，孩子处在强大的压力下，不仅感觉孤独，而且发展到了对读书的厌倦。在此情况下，他只有选择出走，以逃避这令自己喘不过气的环境。

压力太大就会引起反弹，生活中，一些家长往往把孩子视为私有财产，为了要子女出人头地、光宗耀祖，家长们不断给孩子加压，或冷言冷语、或棍棒教育，结果非但达不到预期效果，反而弄得亲子冲突不断。教育学家建议家长们撤销高压政策，运用"减负计"减轻孩子的压力。

这样做是非常有意义的，减轻孩子的精神负担，会给孩子的身心健康带来好的影响，同时又可以缓和因高压政策而导致的亲子矛盾，如果处理得好，甚至还可以改变孩子对待学习的态度。

那么，减负计应该怎样运用呢？

首先，父母不要再整天拿自己的孩子跟一些出色的孩子相比，当你对孩子说"你看人家的孩子……"时，其实就是在对孩子说："你太没用了，比起人家的孩子，你差得太远了！"这样一来自然会增加孩子的心理负担。

另外，在家里不要用教师的身份或其他的什么身份管教孩子，而要以慈爱的父母的角色和孩子倾心交谈，拉近距离，认真了解孩子的思想动态及兴趣所在，尊重孩子的想法，为孩子营造轻松愉快的读书氛围。一旦孩子接受父母作为他的知心朋友，一旦消除了令他窒息的高压环境，就能改变他对读书的厌倦。最好根据孩子的兴趣，激发他的读书热情。至于孩子今后的路怎么走，父母可以进行引导，但不能代替孩子做决定。

高压只会引起反抗，让孩子更不听话，更不爱学习。如果你能试着给孩子减去一些负担，那么孩子一定会更自信、轻松，并愿意回到你身边。

以平常心对待升学问题

人生的道路是复杂而多彩的，孩子不一定非要读高中、大学、研究生、硕士、博士不可。孩子如考不上高中，读职高也可以。只要愿意学习，道路总是很宽广的。

"路是无限宽广的"，不要太早指定一条路让孩子去走，所谓"条条大路通罗马"，每个方向都有它的生机，一窝蜂地挤窄门，只会造成无谓的伤害。不一定每个孩子都能成为翔龙、飞凤，让孩子做个在草原奔驰的驯鹿、活泼快乐的猕猴、威武而善良的大象，不也很好吗？

1996年6月1日，当全国的孩子庆贺自己的节日时，青海省西宁第五中学高三学生卢晓珑，在高考模拟考试之后跳楼自杀了！

据班主任周晋宁介绍，卢晓珑在班里表现很好，学习成绩一直很优秀。在最近的两次高考模拟考试中，成绩始终名列前茅。5月29日进行第三次考试时，卢晓珑称自己头痛，后两天又情绪不好，随即出事了。

《少年儿童研究》杂志曾公布一项调查结果，即对22名儿童自杀行为分析发现，学习压力过重导致自杀占45.5%，高居自杀原因的第一位。

在目前的中国，每年还是仅有少数同龄人能上大学，而期望孩子上大学，甚至上好大学的父母高达92.8%，期望孩子将来读博士的父母达19.3%。如此巨大的反差就很容易造成孩子具有严重的成就焦虑，甚至可能出现自杀的悲剧。

让我们冷静地想一想，少数人能够上大学就是少数人能上大学，这是一个很现实的问题。不管父母如何高期望，孩子如何拼命学，少数还是少数，很多父母是必须面对失败的。

父母和孩子何以走出这痛苦的沼泽呢？

我们必须换一个角度考虑问题。成功之路是很多的，不只考大学一条路。现代社会已经开始由学历社会转向能力社会，成功也由单一模式转向多种模式。况且，我们的目标是让孩子幸福，通往幸福的路更是千万条，父母干吗要限定孩子的选择呢？

实际上，只要我们有一颗平常心，尊重孩子的人格，相信孩子的选择，孩子完全可能实现幸福的追求。有个独生女小学毕业时，不愿去重点中学竞争，选了一所以学习日语为特色的普通中学，父亲坚定地支持女儿的选择。如今，三年过去，女儿生活得很愉快，因为是学习日语，已经能用较流利的日语打电话了，还担任了某报的学生记者。这位父亲的感悟是，一个人应先生存而后发展，以生存为基础，发展的路子也就宽了，何必将自己逼上绝路呢？

父母"望子成龙、望女成凤"往往存在着三种原因：

1. 父母把子女视为自己的延伸，子女的成就也就是父母的成就。父母与子女荣辱共尝，就是这种心态的表现。

2. 补偿心理作祟。有的父母自己本身没有办法自我实现，就会把希望寄托在子女身上，盼望子女完成自己未达的心愿。

曾有位妈妈这样说过："小时候我梦想当一位音乐家，但是，家里太穷了，连风琴都买不起！所以，现在我要孩子去学钢琴，希望他们能够成为优秀的音乐家。"如此把自己的缺憾托付孩子来弥补，那样孩子是否也会因此失落了什么？

3. 为了符合社会期望。社会上认为好的，父母就会尽力让孩子达到，以符合社会的期望，为社会所认可。因此，社会潮流的趋向便会造成一窝蜂的现象，五六岁的孩子，父母要他们学英文、学电脑、学柔道……反正"大家"都去学吗！不管孩子喜不喜欢，有没有兴趣！

现今有许多中产阶级的父母们，对子女的教养问题非常关心，但却不得其法，而且他们关心的重心也只在于"我的孩子将来能不能考上大学"。事实上，考上大学并不是人生的最后目标。虽然注重子女的教育是中国一个伟大的传统，但是，现今的父母们之所以会如此烦恼"我的孩子将来能不能考上大学"这个问题，我们认为有以下几点成因：

1. 现代的父母愿意投资在孩子的教育上

父母与父母之间产生竞争的压力。当父母处在妯娌、兄弟、同事之间时，难免会有"我的子女是不是比别人好"的心理压力。于是，在这种压力之下，就会想是否有一种很快的方法能使我的孩子分数变得很高，以证明我的子女是不输人的。

2.. 学校的教育有很大的问题

以前我们不少学校还是搞应试教育，其目的不在教育孩子如何求取知识，只是将无法度过每个考试关口的人淘汰掉而已。

3.. 升学主义的缘故

而所有问题的背景全出于"如何使子女顺利考大学，在社会上取得成功"的心态。

在此提出一些适当的处理方法：

1. 没有所谓最好而又唯一的抚养子女的办法

每个人的生活背景不同，别人所采用的教育方法也不一定适用于你。

父母应该衡量自己的生活环境、经济能力、工作以外的时间和精力、孩子与其他长辈的态度等方面来决定自己的教育方法。有趣的是，你用何种方式去教养子女，他们就会发展出一种相应个性与特质来，而这种与众不同的个性与特质，正是我们多样化社会所需要的！

2. 学会中庸之道

过度与不及都不是好事，采取中庸之道是保持弹性的最好方法，可以避免僵化的管理。

3. 认识生活的意义与目的

人活在世上，就是一个不断寻找生命意义的过程。帮助子女找到他们所认识的生活意义和目标，在教养子女时是很重要的。

4. 要有成长的概念

子女是活的，不断在成长中。在各个成长的阶段中，鼓励孩子从各种不同的信息中去获得知识，培养他们独立吸取知识、分析知识、解决问题的能力，减少对老师的依赖。

5. 要有成本的概念

现今的补习班太多，在选择时要有"对孩子将来考大学有无帮助"的投资顾虑。

6. 孩子全面发展

以上是解决问题的大原则，父母们应根据自己的情况灵活把握。

别以一次成败论孩子

子女教育的一个误区是，父母怕孩子犯错误，更不允许和容忍孩子犯错误。这样，孩子从小就处在一个对错误的拒绝和恐惧中，一旦他们犯了错误，首先要面对的不是错误本身，而是不能容忍错误的父母，于是很难接受自己的错误。允许孩子犯错误，孩子才勇于改正错误，这时错误的经历已不是他的包袱，而成为他成长的财富。

有一位女士，由于对孩子管教比较严格，特别是对孩子的学习成绩特别在乎，搞得孩子特别紧张，加上她的亲戚对孩子很好，因此这个孩子一旦受到批评什么的，就跑到亲戚那里去躲避，甚至连家都不回。这位母亲说起这件事情的时候直摇头，觉得没有办法。

我们认为，其原因就在于她太过分地以成绩论孩子的成败了，结果是孩子在这种压力之下，反而觉得在家里没有亲切感，甚至觉得父母都不爱自己。

对于孩子来说，父母的爱是神圣的，而且这种爱的力量是非常强大的。这种力量是父母最宝贵的资源，可以用它来将自己的孩子引导到正确的人生道路上来。她的孩子"不挨边"，实际上就是让她的亲戚用关爱甚至物质的贿赂把孩子的"心"夺走了，从而使她失去了爱的缰绳，失去了对孩子管教的机会。

我们给她的建议是这样的：

1.与亲戚坦率地交谈一次，让他们理解她作为孩子母亲，需要"专有"这种对孩子的影响的重要性。

2."反其道而行之"，暂时对孩子放低一点要求，更多地、平等地和孩子交流，得到他的理解，得到他的信任，得到他亲近自己的机会，再一步步地引导孩子。

我们认为，不见得要给孩子很高的期望、很大的压力他才会出人头地。因为孩子的期望压力不仅是来自父母，他的老师、同学、朋友都会给他压力。既然学校已经有很大的压力了，父母就不要再给孩子太多的期望压力，在家里让他放松身心，缓和紧张的情绪反而更好。

父母希望自己的孩子成材，对孩子的学习成绩通常十分重视。即使平时没有时间关心孩子的学习、辅导他们的功课，但每逢考试，不分大考小考，父母总要问一问成绩，看一看分数。孩子得了高分，孩子得意，父母也高兴，又是赞许，又是奖励。父母这样做，肯定孩子学习上的成绩，与孩子分享成功的欢乐，鼓励孩子继续进步是正确的，也是应该的。因为人都需要别人的关怀，需要鼓励，何况孩子！

但是，有的父母一看到孩子的成绩不好，或是考试不及格，脸马上就沉了下来："怎么考得这么差？真丢人！"或者："不及格，你的书怎么读的？真是蠢死了！"孩子没有考好，本来就有些着急和不好意思，甚至难受——羞耻之心人皆有之。因而，这时孩子最需要的是亲人的关怀，尤其是父母的关怀。如果这时父母能更加关心他，帮助他找出失败的原因，鼓励他从中吸取教训，努力学习，那么孩子也可能会奋发努力，赶上进度。反之，如果像前面所讲的那样一味指责，孩子只会更加悲观、失望，甚至内心很可能反抗："丢人就丢人，我笨，我学不好！"进而走上撒谎、涂改成绩的道路。这样的事不是没有，而是经常发生。

还有一种情况也是值得注意的，就是有些孩子别的成绩都好，偏偏主科成绩不好。我们就见过这样的孩子，于是她母亲说："虽然你的体育和劳动成绩好，得了满分，但是算术不及格，这有什么用呢？"

主科比较难学，孩子算术不及格确实不能忽视，应该督促孩子努力学好，但对孩子在体育和劳动课上取得的优良成绩也应该肯定和赞许。而且体育和劳动要得满分，孩子也是花费了劳动和汗水的代价的。同时，孩子的体育和劳动好，使孩子有一个强健的体魄和热爱工作的习惯，对孩子今后的成长也是十分重要和有益的，父母应该给予充分的肯定。孩子畏惧困难或由于某种原因而没有学好算术、语文等主科，这当然是严重的不足。中小学教育是打基础的阶段，要求全面发展，平衡发展。因之，父母应及时指出，帮助孩子认识其重要性。

现代心理学家认为教导孩子的方法有两种：肯定成绩，发扬优点，鼓励再进；认识和矫正缺点。这两种方法各有各的效用，相互补充。前者即肯定成绩比较容易做到；而后者即要矫正孩子的缺点就不容易了——它既要求耐心，也要求爱心。这两种方法实际上是对子女教导的两个方面，不可偏废。

如果父母过于注意孩子的缺点（这里要说明一下，孩子是不可能没有缺点的，没有缺点的孩子是没有的，区别只是孩子缺点的大小），就会看不到孩子的优点，就会对孩子责备过多，以致夸大缺点，对孩子身心产生不良影响。因之，父母必须善于发现自己孩子的优点，并且诱导孩子发挥自己的长处，克服自己的短处。不论是体育课还是劳动课，只要是孩子感到得意的学科，或是孩子取得了优良的成绩，就应当予以肯定、称赞，使孩子对自己的能力产生信心，提高他们的学习兴趣。这样，即使是感到头痛的科目，他们也会有信心去努力学习了。

　　反之，如果父母亲忽略孩子感到得意的科目，而一味强迫他们去念成绩较差的课程，会使孩子对自己失去信心。因为有的孩子在主科学不好时，他们自己就感到有压力，很容易产生自卑感。而父母又拼命地逼他们学好，他们会越发对自己的能力感到怀疑，加深自卑感，最后甚至对所有功课都产生厌恶感："不行，不行。我反正什么也不行！"

　　相反，如果在孩子算术或语文考试不及格，感到沮丧和悲观时，父母能热情地鼓励他："不要泄气，我相信只要你努力，上课认真听讲，下课做好作业，就一定能学好，一定能考出好成绩。"孩子就可能会心情开朗，一心去克服算术或语文学习中的困难，走出低谷。

　　与此截然不同的是另一些父母，他们面对形势的变化，茫然失措。孩子沮丧、悔恨、悲观，父母埋怨孩子过去不读书。眼看同学在前面跑得远了，那些孩子的自卑感越来越重，可能后来也会几次参加考试，但次次落选。

　　这些事例有力地说明了在孩子对学习认识不足、不好好读书、考试不及格，或者受到挫折与失败时，父母应该按捺住自己心中的怨气和不满，而努力发现孩子的优点，肯定他过去的努力或成绩，鼓励他。要帮助他克服弱点，战胜困难。不要泼冷水或专门数落孩子的缺点或过失，而应该帮助孩子从沮丧、悲观中走出来。

　　当然，对孩子也不能片面赞许和过分表扬。不能只因为孩子喜欢听表扬就一味迁就而表扬，无视孩子的缺点，容忍孩子的坏毛病。那样也会把孩子惯坏，使孩子听不得批评，经不起失败。

　　同时，要允许孩子失败。

　　孩子心理问题专家陶来恒教授认为，孩子需要从小塑造健全的人格，其中失败和挫折的磨炼都是必需经历的。

以孩子考试失败为例，下面是一段对话：

"妈妈，我这次又没考好。"

"你还好意思跟我说，这样下去怎么得了！好了，这次去肯德基就免了。"

孩子考试不好，由于害怕父母责骂甚至体罚，对考试失败中带来的学习上的问题就不可能认真对待，心思都放在如何过父母这一关上去了。如果父母能认识到考不好是孩子的权利，就可能有如下的对话：

"妈妈，我这次又没有考好。"

"是吗？那你一定很不舒服。"

"是的。"

"不着急，你一定会考好的。我们来看看问题出在什么地方？"

这时，孩子害怕父母的心情被打消，"没考好"成为他和父母都可以接受的事实，从而能以正常心理面对错误，进而改正错误。

不要把孩子夸到天上去

教育学家认为，一些孩子自负，是由于受到了过多、过高的表扬，这使他们只看到了自己的优点，却看不到自己的缺点，因此一些信奉赏识教育的家长要注意了，不要无限度地、片面地表扬孩子，偶尔也要给孩子降降温，太多的表扬会让孩子得意忘形的。

下面，我们来看一看德国教育家卡尔·威特的教子方法：

一天，卡尔·威特带着他的儿子到一个朋友家参加聚会，而此时，他的儿子已经因为他的超常智力被广为传诵。一位擅长数学的客人抱着怀疑的态度想考考小威特。卡尔·威特答应了，但他要求那位客人不管小威特答得怎样，都不可以过分地表扬自己的儿子。因为老威特认为，自己的儿子受到的赞赏已经太多了，他很担心过分的赞扬会滋长孩子骄傲的情绪。

自以为聪明的这位客人一连给小威特出了三道数学题，但小威特的聪明越来越使他感到惊异。

每一个题小威特都能用两种以上不同的方法去完成。此时，客人已不由自主地开始赞扬小威特了，老威特赶紧转移话题，这样客人才想起了两人的约定。

但客人出的题越来越难，并最终走到他也难以驾驭的程度。客人非常兴奋，又拿出更难的题来"难为"小威特："你再考虑考虑这道题，这道题是一位著名数学家考虑了3天才好不容易做出来。我不敢保证你能做出来。"

那道题是一个农夫想把一块地分给3个儿子，分法是要把它分成3等份，而且每个部分要与整块地形相似，这确实是一道很难的题。

对小威特说完题后，客人就拉着老威特走到走廊里，安慰他说："别担心，你儿子再聪明，那道题也很难做出来，我是为了让你儿子知道世界上还有这样难的题才给他出的。"

可是，没过半小时，就听小威特喊道："做出来了。"

"不可能。"客人说着就走了过去。

但事实不得不让客人赞不绝口地说："真是天才，那么你已胜过大数学家了！"老威特连忙接过话说："您过奖了，由于这半年儿子在学校里听数学课，所以对数学很有心得。"

客人这才领会到老威特的意图，点着头说："是的，是的。"

不要认为卡尔·威特对孩子太严苛，事实上他是非常赞同赏识教育的。只不过他认为，表扬不可过多过高，不能让孩子情绪过热，过多的赞美会让孩子产生错觉，认为自己比任何人都要出色，将来他们就会无法经受挫折和批评。

卡尔·威特给父母们的忠告是：我们不能让孩子在受责备的环境中成长，但是也不能让他们整天泡在赞美里。卡尔·威特是这样说的，也是这样做的，即使小威特学得非常好，他也只是说到"做得不错"的程度，从不表扬过头。只有当小威特取得特别大的成就时，父亲才抱着亲吻他，但这是不常有的。因此，在小威特心目中，父亲的亲吻对他来说是非常可贵的赞扬。通过这种不同程度的表达方式，威特让小威特深深懂得获得赞扬的不易，也因此更加努力学习，而不是沉浸在赞赏声中得意忘形。

还记得《伤仲永》吗？据专家们研究发现，不是经过早期教育而是靠天赋产生的神童，往往容易夭折。一些潜质很好的孩子之所以没能如愿地成为人才，正是源于孩子的骄傲自满、狂妄自大。世上再没有比骄傲自大更可怕的了，骄傲自大会毁掉英才和天才。

我们可以看看卡尔·威特写给儿子的一段话：

知识能博得人们的赞赏，善行能得到上帝的赞誉。世上没有学问的人是很多的，由于他们自己没知识，所以一见到有知识的人就格外赞赏。然而人们的赞赏是反复无常的，既容易得到也容易失去；而上帝的赞赏是由于你积累了善行才得到的，来之不易，因而是永恒的。所以不要把人们的赞扬放在心上。喜欢听人表扬的人必然得忍受别人的中伤。被人中伤而悲观的人固然愚蠢，稍受表扬就忘乎所以的人更是愚蠢的。

除此之外，他还不厌其烦地告诫自己的儿子：一个人无论怎样聪明，怎样通晓事理，都不应该骄傲自负，因为他所拥有的知识与奥秘无穷的大自然相比，只不过是九牛之一毛，沧海之一粟。

威特就是用这种制冷的手段来教育儿子防止他骄傲自满的，尽管这样做要花很大的功夫，但他最终还是获得了圆满的结果。

卡尔·威特做得最好的，也正是现实中一些爸爸做得最差的一点，这些爸爸总认为自己的孩子是最聪明的，尤其是知道了赏识教育的重要性后，更是无限度地赞美孩子，比如："孩子，你真是太聪明了！""孩子，你的作文写得真棒！比你爸爸现在写得还要好！"等对孩子滥加表扬。然而当赞美之词成为极为常见的日常用语时，赞美的意义也会随之逊色。过滥的赞美如同甜得过分的糖果，吃多了，就会让孩子生腻。

所以奉劝家长们，对于孩子的赞美一定要就事论事，而赞美优点的同时也要适当泼点冷水——提醒孩子改正缺点，这样做一方面可以促进孩子进步，另一方面又可以防止孩子过分顺利而变得自负。

不是每个孩子都能成为明星

很多电视台播放综艺节目，找不少小朋友们上台去模仿明星。父母仿照某个明星的样子，把孩子们打扮得像明星一样，显得"酷味"十足，在台上哼着属于成人世界的歌，学着明星的动作、神韵等……如果孩子成为一个追星族，那是不好的。他们很容易沉迷于自己崇拜的某一个偶像，花很多时间和心力去模仿。这样的行为会阻碍孩子自我概念的形成，失去很多机会从事他们那个年纪帮助他们成长和发展的活动，还会阻碍想象力及创造力的发展。父母必须正面引导孩子的模仿行为和崇拜心理。

年纪稍微大一些的孩子，在日常生活中会有比较多的看电视的机会，当某电视明星、歌星或某个角色（如卡通、广告人物）常常出现在电视中，而且常做出某些特别的动作、说出某些特定的话语时，就很容易引起孩子的注意。这些人物、角色出现的次数愈频繁，留给孩子的印象就愈深，甚至在他们脑海中形成学习的楷模，他们就会去模仿这些人物的表情、动作、语气。这一股孩子模仿明星的热潮让父母们趋之若鹜，企图一夜成名。

父母的鼓励、电视媒体的大量推出无疑会极大助长孩子模仿明星的风气，孩子甚至认为，只要自己模仿得很像，就可以出名、受人欢迎。在成长过程中，孩子会靠"模仿"来学习生活技能和了解周围的环境。但是，孩子过度沉迷于崇拜、模仿偶像，会对他们的人格形成负面的影响。

既然如此，为什么还有父母乐此不疲呢？

我们认为可能是父母"自私"的结果。

父母鼓励孩子上电视节目去做模仿明星的表演，只是凭本身的喜好要孩子这样做，把孩子拿来当作自己取乐的工具，这样的心态是自私的。这样的父母可能自己很喜欢表演，或是小时候就有想当明星的愿望，所以，把自己的期望寄托在孩子身上，希望孩子能够完成这种愿望。当然，也可能是父母对某一个明星特别喜爱，所以就鼓励孩子去学习、模仿这个明星。

不过儿童专家认为，这股模仿风潮如果这样持续下去，将对孩子造成很多负面影响。

原因何在呢？

原因在于：3 至 6 岁的学龄前孩子，他们的心智发展是不成熟的。在他们的心目中，并不清楚那些明星是谁，更不知道明星为什么要打扮成这样，并且还要模仿他们的动作、神情，只知道父母鼓励去参与，同时还会获得别人的称赞。所以，孩子渐渐地认同所模仿的对象了。

而且，模仿成人的偶像是属于成人世界的活动，对孩子是不太适合的，而父母却常常在自觉或不自觉间将自己的喜好强加在孩子身上，进而影响了孩子正常心理的形成。

由此可见，孩子崇拜或模仿某一对象是会产生负面影响的。

其实，孩子要模仿某个对象，随着年龄的增加，他们会逐渐形成一些观念和评判方法，通过这些观念去确定他们所谓的好或不好、吸引人或不吸引人去对模仿的对象进行取舍。就一般情况而言，外表条件比较好看或是有特殊才能的人物，例如会唱歌、跳舞、体育等，孩子很容易认为就是好的，因而成为他们模仿的对象。很多资料表明，年纪比较大的孩子的模仿对象常常是明星或是运动选手等名人。

因此，孩子就很容易沉迷于自己崇拜的某一个偶像，花很多时间和心力去模仿明星的一言一行，观察明星的细节。这样的行为会阻碍孩子自我概念的形成和对人的真正认识及了解。因为孩子的眼里所看到的，心理所认同的，都是一些经过精心包装的明星，而不是一般生活中的人。

当孩子对某个明星或某个角色很崇拜和喜欢模仿时，父母应该设法转移孩子崇拜和模仿的注意力，把孩子对偶像的崇拜心理转移到对本身更清楚的认识上，或是对自己未来的期许上。

父母应该鼓励孩子去做一些对本身有意义的事情，培养一些属于孩子自己的本领，发挥孩子具有的创造力，而不是做模仿秀。

借助艺术为孩子减轻压力

压力是现代人无法避免的烦恼，也逐渐成为都市人的现代病。孩子也不例外。我们这里介绍两种自助减压的方法，即艺术治疗和音乐治疗。

1. 艺术治疗

孩子如果感到心理压力很大，可以选择艺术治疗的方法。在艺术治疗的过程中，孩子可以从一种受压的精神情绪中转为深度松弛，由恐惧转为充满灵感和创造力的精神状态。

艺术治疗简单直接，可以尝试自己一个人进行或受艺术治疗师的指导，和其他人员一起进行创作。这种方法并不需要特别的技巧，一切东西都以发自内心为"最高境界"。

艺术治疗的主要方法如下。

（1）选择一种艺术方法或艺术媒介，这些东西可以是孩子学习或经历过的，也可以是从没有接触过的，例如：

音乐：这种方式最简单，最容易，即兴而行，可以不用乐器，只用嘴巴就可以了！

绘画：拿起画笔就画，每一笔都是随心所欲，都是自己心思的表现。孩子想涂改就涂改，因为这种东西做起来是很容易的。

面具制作：戴面具是孩子们都比较喜欢的事情。面具制作并不难，并且孩子戴上了自己制作的面具常常都会产生一种自豪感。

舞蹈：鼓励和支持孩子跳舞。跳舞不一定在舞台上，也不一定有多么优美的舞姿，只要令人心情舒畅就可以了。很多孩子对这种方式是不甚喜欢的。

堆沙：喜欢堆沙是孩子的天性，可以锻炼孩子的手和大脑，可以说是一种很好的艺术方式。堆沙让人手感十足，亲身体验并可以快速改变形态，可以快速接触到内心的感情及精神。

（2）替孩子寻找一个创作的空间：地点、时间及心灵空间。

（3）为孩子准备所需材料。

（4）毫无顾忌地迈出第一步：画第一条线、发出第一个声音、跳出第一步、捏出第一个形状……

（5）告诉孩子，一切都可以随心所欲，不要受任何限制。随时涂改或重新创作，放下偏见，放开怀抱。

完成作品并展现在眼前的时候，这种艺术治疗就可以说是完成了。

2. 音乐治疗

音乐治疗是通过音乐、乐器或音乐活动来维持、重整，促进身心健康的一种方法。研究认为，音乐对人的健康有重大的帮助，甚至是重病患者的最佳治疗方法。近些年来，用音乐去帮助孩子减轻压力的方法十分流行。选择什么样的音乐减轻压力，完全是随心所欲，就看孩子喜欢什么了。无论是古典、浪漫、现代派摇滚乐还是爵士乐，只要旋律优美，能使人安静轻松就可以了。

在音乐治疗中，人们经常提到的是"莫扎特效应"。莫扎特的乐曲优美动人，绕梁三日，其高音频的乐声伴着和谐生动的旋律，活化了生命，是为脑筋及身躯而作的治疗艺术品。

根据专家研究，莫扎特的乐曲能引起以下反应：

（1）提高孩子的注意力，促进孩子的创造力，增加孩子的语言能力，刺激直觉和第六感官、提高孩子的智商（IQ）及强化孩子的右脑功能。

（2）舒缓孩子的身心，减低精神及情绪压力，是孩子繁忙一天之后最好的享受，让孩子优哉游哉地进入甜蜜梦乡。

（3）自然地释放情绪的旧包袱和感情创伤，让孩子更容易听到内心深处的声音，改善感受，增添生命力，调节生活速度。

（4）改善孩子的身体活动及协调能力。

（5）改善心跳速率，保持血压及体温的正常。

可能莫扎特音乐还不止这些作用。很多研究证明，孩子听音乐最好选择节奏比较好的，合乎人体活动的节律，比如中国古典音乐《高山流水》等。这个问题我们在其他地方还会详细讨论。

用音乐减轻压力的方法很多，除了欣赏莫扎特的乐曲外，还可以让孩子自己或与他的朋友们一起试试以下方式：

（1）引吭高歌，可以随意，不要拘泥。

（2）让孩子自编谱曲。

（3）鼓励孩子自己作词。

（4）与孩子一起分析和讨论歌词。

（5）让孩子弹奏或乱弹乐器。

（6）让孩子随着音乐创作动作，翩翩起舞。

（7）进行音乐游戏。

（8）让孩子模仿乐器的声音或作一般声音模仿。父母和孩子都可以尽量运用自己丰富的想象力和创造力，想出更多更好的方法，用音乐去尽情地放松，让音乐发挥更大的威力。

目前市面上流行的胎教音乐很受欢迎，那些悠扬、轻柔、婉转的曲调不仅使母亲听了心旷神怡，而且使母体内的胎儿也能受到感染，使他们生活的"宫内世界"也像母体外一样的充满阳光，从而使他们变得健康、漂亮、聪明。

美国佛罗里达州、加利福尼亚州的政府有这样的法规，每一名新生婴儿都必须获赠莫扎特、贝多芬的音乐激光唱片。这是因为研究显示，聆听这两名大师的音乐能够提高儿童的智商。

除此，他们还有这样的规定，上述两个州内的每一间托儿所都必须播放莫扎特与贝多芬的音乐给孩子们听，以便进一步为儿童营造一个能提升智商的环境。

当人们欣赏音乐时，不论是大人还是孩子，常常会有一种陶醉感。音乐可以使人忘却身边纷扰的世界，进入一个神仙般的世界。难怪心理学家常常呼吁，要善于使用美妙的音乐来调节自己的情绪，陶冶自己的情操。

对于孩子来说，一般自出生之前就对音乐有好感，出生后不断发展着对音乐的喜好，3至4岁时就已初步具备欣赏音乐的能力了。音乐能使孩子享受一种深深的爱，使孩子的心情充满欢乐。这种情绪会促使孩子神经系统的发育完善，能够调节血流量和神经系统的活动功能，有利于孩子的记忆、理解、想象思维等各种能力的发展。

不少学者对音乐进行过研究，发现音乐的音品、音调、节奏、旋律、音质的不同，会对人体产生镇静、镇痛、调节情绪等不同功能。

人的情绪是一项复杂的活动，与大脑皮层下丘脑、边缘叶有密切关系。因此，美妙的音乐能使孩子的心境愉快。这种愉快的情绪能够有效地改善和调整大脑皮层及边缘叶的生理功能，从而使孩子的神经系统发育得更加完善。这种作用是其他教育所不能比拟的，这也是那些音乐大师的作品广泛流传、经久不衰的原因。

孩子的音乐活动包括唱歌、音乐欣赏、节奏乐器、音乐游戏及舞蹈等。通过这些活动，孩子们增强了对音乐的欣赏能力，开阔了知识眼界，不仅对一般孩子而言如此，就是对弱智的孩子也有着令人惊奇的效果。曾有一名"智能不足"的孩子，在学校音乐老师的培养下，从自己听音乐到参加打击乐演奏，到伴随音乐跳舞，孩子的智力因此大大提高。这说明音乐在启迪孩子智能方面有重大作用。

还有些家庭为孩子准备了乐器，让孩子自幼开始学习音乐。这种演奏活动使孩子的双手更加协调。美国加利福尼亚大学医学教授阿特拉斯经过多年研究指出：学习弹乐器的人，由于左右手指神经末梢经常运动，能促进大脑两半球的发展。因为弹奏时，视觉、听觉、触觉及整个肌体都必须处在协调一致的积极状态下，所以能够训练孩子的思维、注意力和记忆力，启发想象力和创造力。实验证明，学音乐的孩子学其他课程都比较快。

由此可见，父母不应该忽视音乐的力量。这种力量或许在短时间内并不显著，但那潜藏的能力终将表现出来。

第十章

放手去爱，别让包揽扼杀孩子的生存能力

父母包揽本应由孩子自己做的一切，把自己的付出作为孩子成长的一部分，而不是为孩子自身的成长创造条件。结果是，扼杀了孩子作为权利主体的自我意识和独立意识。父母需要认识到，在孩子人生的舞台上，他们才是主角。为了孩子独立地精彩展示，父母要退到幕后。

溺爱不是爱，是一种残害

中国自古以来就有"慈母多败儿"的说法，所谓"慈母"，指的是一种过分的母爱，也就教育学家所说的溺爱。从字面上看，溺爱的"溺"字有淹没之意，这也表示，过分地疼爱孩子等于淹没了他们。古人云："虽曰爱之，其实害之；虽曰爱之，其实仇之。"这是对"溺爱"一词最好的注解。人世间的种种感情，没有比得上父母之爱的。但是只有爱，不见得就能教好孩子。

曾看过这样一幅漫画：

一个小男孩在客厅看电视，玩玩具吹着空调，而他的爸爸、妈妈在厨房正忙着给他做饭，热得满头大汗。开饭了，孩子的动画片还没有看完，妈妈便把饭菜端到客厅，妈妈负责喂小男孩，爸爸则负责哄小男孩吃饭。动画片演完了，小男孩却不想吃饭，于是爸爸开始做各种滑稽表演，终于，小男孩笑了，妈妈这才喂上一口。

你知道运用什么方法，一定可以使你的孩子成为不幸的人吗？这个方法就是对他百依百顺。真想问问漫画中的爸爸、妈妈，你们不累吗？这样的爸爸妈妈应该及时警醒了，因为你们这样做会把孩子推入深渊的。

还曾看过一条新闻：一个大学生，每次吃鸡蛋，都是母亲剥完皮他才吃。有一次在学校食堂吃饭，一个鸡蛋，他没剥蛋皮就吃了。还说："这个鸡蛋怎么和家里的不一样呢？"看了这条新闻，人们都会笑他太笨，可这就是溺爱造成的恶果。

生活中，很多父母总喜欢给自己的孩子无微不至的呵护，把孩子的事情都包办下来，一一为孩子做好。这些父母似乎不知道，我们教育孩子的最终目标是要让孩子能够适应他自己未来的生活。因此，日常生活中应当教导他们学会独立地生活，而不要总觉得他们这也不会那也不行。

在教育学中流传着这样一则寓言：

天鹅每年冬天都要从北方飞到南方，可是，一些北方人因为喜欢天鹅，经常为它们提供食物。于是，一些天鹅因贪恋这些食物便留在了北方，并渐渐被驯化成了家鹅，连飞也飞不起来了。因此，人们只要停止提供食物，它们就只有死路一条。而那些每年不辞辛苦坚持飞往南方的天鹅呢？它们活得好好地，并且越飞越高。

这个故事其实就是对溺爱现象的一种警告，咱们中国的父母，尤其是做母亲的，总是把孩子当掌上明珠，从来不让孩子扫一回地，洗一次碗，真是应了那句话了"捧在手心里怕碎了，含在嘴里怕化了"。这样的父母是慈父、慈母，这一点毫无疑问，但却不是一个"好爸爸""好妈妈"。他们过多地保护、过分地呵护只会阻碍孩子的发展，让孩子无法自立自理。孩子终究要独立生活的，为了让孩子能顺利地适应他未来的生活，父母们有必要大胆地让他们自己去照顾自己，不要让他们永远生活在自己的呵护里。

训练孩子的独立能力，家长们可以教导孩子从一些简单的工作着手，例如早晨起床自己穿衣、刷牙，等等。这些不仅是日常生活的步骤而已，它更能训练孩子自动地管理自己的行为，培养孩子的自立精神。

大人既要放手让孩子自己走出去，又要保证我们的孩子能够"安全出行"。一方面需要爸爸妈妈对孩子进行严格的训练，另一方面却不是"三分钟热情"能够解决的。比如，培养孩子一些简单的日常生活习惯，刚开始家长和孩子都会很热心地按计划实行，但是时间一久，一些家长就不耐烦了，这种对孩子缺乏长久性和一贯性的培养，反而会在孩子的性格中留下很多负面影响。

与父母过分的叮嘱和过分的呵护截然不同的教育方式是重视培养孩子的自理能力和自强精神。发达国家中的父母们，在教孩子独立自强这方面所取得的成功，尤其值得我们好好地研究与借鉴。

举例来说，在美国，家庭教育是以培养孩子富有独立精神、能够成为一个自食其力的人为出发点的。父母从孩子小时候就让他们认识劳动的价值，让孩子自己动手修理、装配摩托车，到外边参加劳动。即使是家庭富裕的孩子，也要自谋生路。美国的学生有句口号："要花钱自己赚！"乡村家庭要孩子分担家里的割草、粉刷房屋、简单木工修理等活计。此外，还要外出当杂工，出卖体力，如夏天替人修整草坪，冬天帮别人铲雪，秋天帮人扫落叶等。在富足的瑞士，父母为了不让孩子成为无能之辈，从小就着力培养孩子自食其力的精神。譬如，一个十六七岁的女孩子，从初中一毕业就去一家有教养的人家当一年左右的女佣人，上午劳动，下午上学。这样做在中国父母看来似乎难以理解，但瑞士父母却认为大有好处。这样做一方面可以锻炼孩子的劳动能力，让孩子寻求到独立的谋生之道，另一方面还有利于学习语言。因为瑞士有讲德语的地区，也有讲法语的地区，所以一种语言地区的姑娘通常到另外一种语言地区的人家当佣人。其中也有相当多的人还要到英国学习英语，办法同样是边当佣人边学习语言。等他们熟练掌握了三门语言后，就去公司、银行或商店就职。长期依靠父母过寄生生活的人，被认为是没有出息或可耻的。

德国父母对孩子从小就培养他们自己的事情自己做，从不包办代替。甚至法律还规定，孩子到 14 岁就要在家里承担一些义务，比如要替全家人擦皮鞋、打扫房间等。这样做，不仅是为了培养孩子的劳动能力，也有利于培养孩子的社会义务感。而在日本，在孩子很小的时候，就给他们灌输一种思想："不给别人添麻烦。"并在日常生活中注意培养孩子的自理能力和自强精神。全家人外出旅行，不论多么小的孩子，都要无一例外地背一个小背包。父母说："这是他们自己的东西，应该自己来背。"而在中国却常常是父母帮孩子背书包。上学以后，许多学生都要在课余时间在外边参加劳动挣钱。大学生中勤工俭学的现象非常普遍，就连有钱人家的子弟也不例外。他们靠在饭店端盘子、洗碗，在商店售货，照顾老人，做家庭教师等挣得自己的学费。

比较一下中国父母"孩子太小，只能由我照顾"的教育方式，不知爸爸妈妈们做何感想呢？家长们都应该明白，你们是无法照顾孩子一辈子的。

真正疼爱孩子的好爸爸、好妈妈，应该关注的是孩子将来是否能自己应付外面的世界。将一个在父母庇护下，毫无自我生存能力的青年推入未来的社会是最为残忍的事，也是爱孩子的父母不忍看到的结局。想使孩子能成功地走入外面的世界，必须从小开始培养自立与自信。如果我们替孩子做所有的事，便不能达到这一目的。在这样的抚养下成长起来的青年，外表人高马大，内心却是畏畏缩缩，缺乏勇气。这样做使他丧失了自信和勇气，也使他感到不安全，因为安全感是建立在能够用自己的能力去对付处理问题的基础上。我们这种自以为无私的行为，剥夺了孩子发展自己能力的权利，但这恰恰是孩子成长最珍贵的要素。

家长们要记住，但凡孩子能独立完成的事就不要替他去做，就好像要让孩子学会走路，你得先放开手一样，当然，一旦决定"放手"了，就要坚持下去，不要看到孩子做不好事情就又去插手。

别把孩子一直兜在襁褓中

任何孩子都不可能永远在父母的羽翼下成长。他们若不能够独立自主，那么必定会被生活淘汰，被社会淘汰。孩子是未来家庭的支柱，未来社会的支柱，我们必须让他们独立起来，让他们成为社会的主人。

翠鸟为了避免灾祸，往往把窝筑在树的高处。

可是有一个翠鸟妈妈在孵出小鸟之后，怕小鸟从高处的窝里掉下来摔死，于是把窝向下移。等小翠鸟长出羽毛能够学习飞翔的时候，这个翠鸟妈妈没有教给小翠鸟飞翔的本领，让它自己去觅食，而是更加喜爱它，越发怕小鸟摔死，又一次向下移动鸟窝，直到鸟窝移动到离地面很近的树杈上时，它才完全放心。

然而，当路过树下的行人发现小翠鸟时，稍一举手便轻而易举地把小翠鸟掏走了。

翠鸟移窝，原本是为了爱护小鸟，让它健康地成长，然而它却给小翠鸟带来始料不及的灭顶之灾。症结就在于翠鸟妈妈不给小翠鸟独立的机会，这和现在好多溺爱孩子的父母非常相像。所不同的是生活在父母溺爱的环境下却不能独立的孩子，要比这只小翠鸟可怜得多，因为那只翠鸟只是被人抓走尚且还有人喂食，而脱离了父母羽翼不能独立的孩子，则是没有人"喂食"的。

与翠鸟爱子相反，母燕对雏燕的教育方式颇值得我们人类学习。当雏燕羽毛渐丰时，母燕就要呢呢喃喃，鼓励雏燕飞出窝来，并教它们展翅飞翔，决不让它们贪恋小窝的温暖。一天，两天，在母燕的扶持下，雏燕的胆子大了，翅膀坚实了，渐渐地低飞，高飞，掠水，终于能愉快地翱翔于一碧无垠的天空，经得起风吹雨淋，具备了独立地走南闯北的本领。

母燕之所以不让孩子永远处在父母的羽翼之下，而要教育它们具有冲霄高飞的意志和力量，这是大自然对它们提出的生存要求。母燕的爱是建立在帮助下一代提高对环境的适应能力和与困难抗争的本领上，它着眼于将来，而非顺应、迁就，这正是母燕比翠鸟妈妈聪明之处。

我们爱孩子，也应考虑到社会、时代和未来对人类提出的要求，教会孩子懂得怎样迈出生活的第一步，使他们独立的步子更稳健，在艰难险阻中不断进步和完善。

某个周日，小强要爸爸陪自己去书店买两本学奥数的书，可是爸爸却想让他自己去买以培养他的独立意识，于是告诉他书店离家没多远，骑车子去就可以了。妈妈也赞同爸爸的意见，向小强投来了鼓励的目光。

在爸爸、妈妈的鼓励下，小强穿好衣服关上门走了。路上车多，爸爸担心小强会出什么事情，担心车子丢了……后来，小强安全地回来了，而且说有本书这个书店没有，就去隔壁的书店买到了。

小强回来的那一瞬间，父母两人交换了一下会心的眼神——儿子长大了。

在生活中对孩子适当放手，给孩子独立处理事情的空间，就能够使孩子早日成为生活的主人。人生有很长的路程要走，父母不可能照顾孩子的一生，请给孩子们独立的天空，让他们自己去做生活的主人。

培养孩子独立自主的能力，家长可以按如下方法去做：

1. 给孩子充分的活动自由

孩子的独立自主性是在独立活动中产生和发展的，要培养独立自主的孩子，就应该为他提供独立思考和独立解决问题的机会。

2. 对孩子循序渐进地培养

独立自主性的培养是一个长期的过程，需要循序渐进地进行。切不可急于求成，不能对孩子的发展提出过高的、不合理的要求，也不能因为孩子一时没有达到要求就横加斥责。

3. 父母要把握住关键期

两岁左右的孩子，独立意识逐渐增强，什么事都要坚持自己做，拒绝别人的帮助。这是孩子心理发展的第一个"执拗期"。家长正好可以因势利导，把握孩子这个时期的心理特点，在保证孩子安全的前提下，放手让孩子去做力所能及的事情，并适时地提供给他适当的帮助、指导和赞美，让孩子享受到成功的快乐。

4. 父母要做一个好榜样

榜样的力量是无穷的。如果父母还是处处依赖他人，对什么事都拿不定主意、动不动就寻求帮助的人，孩子也会效仿的。所以，父母要从自身做起。

培根说："子女中那种得不到遗产继承权的幼子，常常会通过自身奋斗获得好的发展。而坐享其成者，却很少能成大业。"我们应给孩子独立的空间，任凭他自己装点；给孩子自主的选择，他的事情听他的。

适当放手让孩子做小主人

在生活中，孩子有没有独立的意识，关键看父母如何培养。任何孩子都不能永远生活在父母的羽翼下，他们迟早都要独立的。如果父母不给孩子自主选择的权利，那么他们永远不会有可供自己翱翔的一片蓝天；相反给他们自主选择的权利，他们则会撑起自己的一片天地。

在成人的世界里，几乎每天都要面临着抉择。在孩子的世界里，他们也经常需要作出一些抉择，这时父母切忌"包办"，而是要"下放权力"，让孩子经过思考后再做出决定。比如，孩子是否愿意上钢琴辅导课，是否愿意坚持练习书法；高中时，选择文科还是理科；高考成绩不理想，是上职业技术学校还是复读，这些几乎是每个孩子都面临的、关系到自己人生的重大问题，这个时候，父母就应该放手让孩子自己去选择。

一天，正在上高一的小北问妈妈："我下学期就要上高二了，妈妈，你和爸爸是希望我选择文科还是理科呢？"

"小北，这样重要的选择关系到你的一生，因此你应该自己仔细考虑后，再做出选择。以前很多事情是妈妈帮你选择的，但这一次不同了，你要自己做出选择。不过，无论你的选择是什么，妈妈都百分之百地支持你。"妈妈握着小北的手，郑重地对他说。

也许很多父母会想，小北的妈妈把如此重要的选择权交给了儿子，是不是太盲目、太草率？是不是不负责任？

事实上，小北的妈妈这样做，直接向儿子表明了"我相信你""我尊重你的选择"。当一个母亲如此信任自己的孩子时，她给予孩子的是巨大的鼓舞，孩子会反复权衡后再慎重做出选择。其实，把一些关于孩子自己的重大事情交给他们去选择，既能培养孩子的决断能力，又能培养孩子的信心。

遗憾的是，许多父母在关系到孩子人生重大的事情时，不给孩子任何选择的机会，特别是孩子上了高中时，部分父母对孩子限制得更紧了，全然不顾孩子的实际情况和感受。选择文理科时，他们会出面，代替孩子做出选择；高考填报志愿时，更是不惜违背孩子的意愿去选择一些自己认为理想的专业，结果孩子进了大学后，对父母所选择的专业不感兴趣而闹退学的不在少数，这时父母再后悔也迟了。这样的例子经常见诸各种媒体，它给父母们敲响了警钟：与其越俎代庖，不如给孩子充分的选择权。

要知道，抉择是每个人享有的权利，孩子也如此。给孩子机会去做出他自己人生中最重要的抉择，当孩子遇事做出正确的决定时，这对他长大成人后在工作中有极大的帮助。生活中，那些成功者大多是从小就具有较强决断能力的人。

孩子是一个独立的个体，他们需要机会来自己做决定，来锻炼自己的决策能力，体会自主决策的感觉。所以，无论怎样担心，父母也应该给孩子多创造一些机会，让孩子自己做出决定。父母可以通过以下几个方面，来为孩子创造自己做主的机会：

1. 让孩子自己决定穿什么衣服

只要孩子有了基本的冷暖概念，就可以让他自己决定每天穿什么衣服，并且决定衣服的搭配颜色，父母不要根据自己的好恶来强迫孩子。

有些孩子把自己打扮得不伦不类，只要不是正式场合，父母大可不必太认真，也不必因此而责怪孩子，应该尊重孩子的选择。父母可以适当地向孩子讲一些衣服搭配的基本原则，孩子就会逐步明白在什么场合穿什么衣服。

2. 让孩子自己安排时间

从放学回家到上床睡觉之间，这段时间应该让孩子自己安排，比如晚饭后，孩子喜欢先练习书画再写日记，不妨让孩子自己决定好了。父母不宜强行命令孩子必须写完日记再练书画，只需要适当地提醒孩子在睡觉前把当天该做的事情做完即可。

3. 让孩子布置自己的卧室

属于孩子的空间尽量让孩子自己动手布置。比如，有的男孩子喜欢姚明，就让他在床头贴上姚明的画报好了，而不必强调要他贴上爱因斯坦或其他人的照片。总之，只要孩子所贴的、所挂的是健康的东西，即使父母不喜欢，也要忍耐。

4. 带孩子去商场购物

商场里的物品应有尽有，正好是让孩子锻炼决策能力的好地方。比如，方便面有各种牌子和口味的，买哪种也许父母无所谓，但孩子却有自己的喜好，可以让孩子自己来决定，父母在旁提醒孩子在满足自己口味的同时，要适当照顾家里其他人的嗜好即可。

命运不是机遇，而是选择。无论大事还是小事，只要自己认为办得好的，就坚定地去办。交给孩子自主选择的权利，让他做独立自主的孩子

孩子的担当要从小培养

勇于承担责任的孩子，从骨子里流露出了超乎寻常的责任感，他们拥有坚不可摧的力量，奋进不止的拼搏精神。所以，培养优秀的孩子，就应该培养勇于承担责任的孩子。

在美国国庆节的前夕，一个11岁的小男孩用某种方式得到了一些禁止燃放的爆竹，其中包括威力很大的掼雷。下午，他来到罗克河大桥旁，背靠桥边的一堵砖墙甩响了一只掼雷。只听一声巨响向云霄传去，小男孩得意极了。一辆汽车驶过来，司机命令他上车。

"爸妈教导我不要上陌生人的车！"小男孩拒绝说。直到司机亮出了警徽，他才听命上车。

到了警察所，他被带去见所长，他认识那位所长，他经常和他父亲一起玩纸牌游戏。当然他希望得到宽大处理，但所长马上给他父亲打电话，把他的劣迹告诉了他父亲。不论交情如何，父亲必须付12.5美元的罚金，这在当时可是一笔数目不小的钱。所长严格执行了禁放爆竹的规定。

事后，父亲知道了事情的原委，并没有因为他年龄小而轻易原谅他，而是板着脸深思老半天不发一言。母亲在旁"开导"，父亲只冷冰冰地对孩子说："家里有钱，但是这回不能给你，你应该对自己所做的事负责。这12.5美元是我暂时借给你的，一年以后必须还我。"

为了还父亲的债，他一边刻苦读书，一边打工挣钱。由于人小力单，重活做不得，便到餐馆洗盘刷碗，或捡破烂，经过半年多的努力，他终于挣足了 12.5 美元，自豪地交到父亲的手里。父亲欣慰地拍着他的肩膀说："一个能为自己所作所为负责的孩子，将来是会有出息的。"

那个小男孩在承担责任中学会了奋斗不止，成年后更是一如既往，后来，他参加了总统竞选，并成功当选，他就是罗纳德·里根。

里根的父亲对里根的教育告诉我们，家长要培养孩子从小对自己的行为负责任的习惯，只要是孩子独立行为的结果，就要鼓励孩子敢作敢当，不要逃避责任，应该勇于承担后果。

身为家长，就应该像里根的父亲培养里根一样，从日常生活做起，时刻注意培养孩子的责任感。

培养孩子承担责任，家长可以从以下几点做起：

1. 让孩子负责自己的事情

教育孩子对他们自己负责，让孩子从小养成自强自立的习惯。让孩子尽可能自己照顾自己的衣食住行，自觉完成家庭作业，信守自己的承诺，到一定年龄时打工挣自己的零花钱等，从小培养孩子的自我独立意识。

2. 让孩子承担家庭责任

教育孩子对自己的家庭负责，让孩子把自己当作家庭所需要的且应该对家庭做出贡献的一名成员看待。父母应该让孩子认识到，作为一名家庭成员，自己和父母一样有责任和义务分担家庭的所有事务和困难，除了自己的事情尽量自己做，如整理好自己的房间、衣物、书籍等，同时还要帮助父母打扫房间、在厨房当帮手、看护弟妹、照管宠物等。

3. 让孩子为自己的团体负责

教育孩子对自己所属的团体负责，让孩子从小学习各类社会角色的扮演，培养团队精神。让孩子与幼儿园小伙伴友好相处，尊重和配合老师的工作，帮助老人等弱势群体解决困难等，鼓励孩子的分享行为和助人行为，提高孩子适应社会的能力。

4.让孩子对社会负责

让孩子懂得一个对社会有责任感并为之做出贡献的人才是一个真正有成就的人，教育孩子遵守社会公德和秩序，鼓励孩子参加各类有益的志愿工作、义务募捐活动等，为更广泛的社会团体做出贡献，开拓和提升孩子的思想境界。

一个人有无责任心，将决定其生活、家庭、工作、学习的成功和失败。这在人与人的所有关系中也无所不及。我们应当放开手脚，让孩子去承担自己应承担的一切，让孩子成为一个顶天立地的人。

给予孩子承担责任的机会

培养孩子能够承担责任，就应该给孩子承担责任的机会，如果孩子没有机会承担责任，他是永远都学不会承担责任的。

"知心姐姐"卢勤曾讲过这样一个故事：

我朋友的儿子是中学生，过去在家什么事都不关心，一点儿责任感也没有，他的母亲很伤心。几年前，组织上派我的朋友去外地一个城市当市长。

上任离家那一天，他十分郑重地对儿子说："妈妈身体不好，我走后就全靠你照顾了！每天晚上睡觉前请你关好门、关好窗、关好煤气……拜托了！"作为父亲，他的"拜托"让儿子十分诧异，但儿子还是认真地点了点头。

一年后，当他从外地回到家时，妻子激动地告诉他："你走后，儿子突然长大了，懂事了，对我十分关心，尽职尽责，每天晚上按时关门、关窗、关煤气……"

孩子为什么变了？因为父亲给了他承担责任的机会，让他在这个机会中产生了强烈的责任感。

有些父母埋怨孩子没有责任心，其实最主要的原因是父母管得太多了，除了学习，其他什么事情都不让孩子干，这实际上剥夺了孩子承担责任的机会和权利。

作为一个男孩的母亲，觉得要培养儿子的责任意识，当妈妈的不妨表现得弱一些，给孩子创造显示本事的机会。这样不仅会增强孩子的责任感，还会使他内心升腾起一种自豪感。

其实，给孩子提供承担责任的机会，就是给孩子提供解决问题的机会。在日常生活和学习中，孩子会遇到各种各样的问题，做父母的不妨放下手，让他们自己学会解决问题。

幼儿园开展"亲亲一家人"的活动，让每个小朋友带一张全家照，别的小朋友都带了，就小华没有带来，因为小华的照片都放在了乡下的奶奶家，来不及去拿。

小华怕老师会责备他，就央求妈妈跟老师说，妈妈知道如果今天帮了他，那么以后小华还会来找妈妈帮的。所以，妈妈就开始鼓励和引导他，让他自己去跟老师解释。

小华感到妈妈是不会帮他说的了，于是就只好自己走到了老师那里，慢慢吞吞地把情况告诉了老师，老师很快就理解了他的意思，笑眯眯地说："没关系，如果你有时间回去的话，记好了一定要带来给小朋友看，好吗？"小华听到老师这样说，心里可高兴了。

一般情况下，当孩子需要帮助时，妈妈的第一冲动就是想帮助孩子。但是小华的妈妈却没有，她用这件事给孩子提供了一个独立解决自己问题的机会，也让孩子朝勇于承担责任迈出了坚实的一步。

有一对双胞胎兄弟，平日里总是打打闹闹的。

一天，洗手吃点心的时间到了，母亲站在洗手池旁一边观看孩子们洗手，一边交代洗手时应注意的事项。这时，两个孩子争吵了起来，只听老大说："这是我的位置，我要洗手了，走开！"并边说边上前试图想挤开正在洗手的老二，而老二也不甘示弱地说："谁说的？这是我的位置！"两个人就这样争来挤去的，看到他们发生了矛盾，母亲正想上前对他们进行谦让教育，后来转念一想：在不存在什么危险性的情况下，干脆看看他们如何发展好了。

于是母亲不动声色地在一旁观看着，结果他们争来抢去后，其中一个已洗完了，后面一个很不高兴地继续洗着，并用眼睛瞥了对方一眼。

到了第二天，吃点心的时间又到了，母亲像往常一样站在水池旁边。突然，母亲又听到了老大和老二的对话："弟弟，你先洗，我后洗。""好！"一向喜欢趁洗手时多玩会儿水的老二今天异常迅速地洗完手离开洗手池，并在离开时很友好地对老大说了一句话："现在该你洗啦！"

由此可见，当孩子有问题时，让他们自己去解决可能效果会更好。试想，如果那位家长第一天就上前干涉了，问题马上就可以解决，但是可能就没有了第二天兄弟俩互相商量的场面。

给孩子提供解决问题的机会，家长要注意以下几点：

1. 要相信孩子且耐心等待

要相信孩子的能力，相信他们能行。当孩子遇到困难时，要冷静观察，不要急于插手，而是留给孩子自己解决问题的机会。

2. 抓住时机并适当地给予引导

当孩子的问题没有进展时，父母要灵活地抓住切入的时机，给予引导。这里的引导可以是语言的明确提示，也可以是一个眼神、一个手势、一个表情、一个动作的巧妙暗示。

3. 充分肯定，以增强孩子的信心

孩子如果成功独自解决了问题，父母要给予他们充分的肯定，此时孩子的心情一定特别愉快，因为他们学会了处理问题的好方法。

让孩子去做自己应做的事情，给他们解决问题、承担责任的机会，他们会在不知不觉中，慢慢学会承担责任，并勇于承担责任。

鼓励孩子直面人生挫折

与外国父母相比，中国的父母们总是显得有点太过小心翼翼，他们给缺少生活经验的孩子准备好了一切事情，生怕孩子受到挫折。然而父母能一辈子这样照顾孩子吗？孩子在成长过程中总会碰到各种各样的挫折，到那时这个脆弱的孩子又怎样自己渡过难关呢？因此父母要鼓励孩子从小就勇敢地面对挫折，让他们成为生活中的强者。

在日本的一个村庄里，有一对夫妻四十得子，因而对孩子宠爱有加，这使得在蜜罐中成长的儿子养成了一意孤行的脾性，他无论做什么都不太专心，就连走路也走不好，时常跌进水沟里，很是让望子成龙的父母焦心。

儿子 7 岁那年上了小学。可是他还是不能让父母放心，因为他走路喜欢东张西望，不是弄湿了鞋子，就是弄脏了裤子，经常抹着眼泪回家。

一天，孩子的父亲带一把锹去儿子上学必经的田埂上，在上面断断续续地挖了近十道缺口，然后用木板搭成一座座小桥，只有小心走上去才能通过。那天放学，儿子走在田埂上，看到面前一下子多出了这么多的小桥，非常惊慌，不知道该怎么办好。是走过去，还是停下来哭泣？四顾无人，哭也没有人帮忙啊。最终他选择了走过去。当背着书包的他晃晃悠悠地通过小桥时，虽然很害怕，但却有种满足感。他第一次没有哭鼻子。

回家以后，儿子跟爸爸讲了今天走过一座座小桥的经历，脸上满是神气。父亲坐在一旁夸他勇敢。

但妻子却对丈夫的举措迷惑不解，丈夫解释道："道路太平坦了，他就会左顾右盼，当然会跌倒；坎坷的路途，他的双眼必须紧盯着路，所以才能走得平稳。"

你猜到故事中的儿子是谁了吗？他就是如今赫赫有名的"经营之神"松下幸之助。正是父亲苦心挖断松下幸之助顺利前进的路，才培养了他直面困难、战胜困难的勇气和信心，也才有了他今天的成功。

在日本，像松下幸之助的父亲这样故意给孩子制造挫折的教育方式是很普遍的，他们认为只有让孩子从小经受一些挫折，日后他们才能独立战胜生活中的挫折，从容地走向成功。要知道人的抵抗力、免疫力是一步步增强的，从无菌室里走出来的人，往往是脆弱的，他们抵抗不了细菌的袭击。所以，家长应该对"太顺"的孩子进行一些"挫折教育"，帮助孩子树立坚强的信念，无论顺境逆途都能坚强面对。而父母们首先要改变原来的教育态度，让孩子走出大人的"保护伞"，不要怕孩子摔着、碰着、饿着、累着，孩子摔倒了鼓励他自己爬起来，不能为孩子包办一切，孩子的事情让他自己做，自己能解决的问题，如要玩具自己去拿，衣服、裤子自己穿。在家庭生活中，要安排孩子做一些力所能及的事，切不可把孩子成长过程中的困难都解决掉，把他们前进的障碍清除得干干净净。

父母们应该看到这一点，当你替孩子解决麻烦的时候，也便剥夺了孩子自己体验成败的机会，从而也纵容了孩子的依赖性，让他们无法从生活中体验战胜挫折后的自信。人在一生中将会遇到很多困难，父母不能永远充当孩子的保护伞，因此，当孩子遇到困难不知所措时，家长应该鼓励孩子勇于面对困难，让孩子转动脑筋，充分利用智慧自己去解决，而不是父母亲自动手为孩子扫平道路。用你的鼓励，从小培养孩子直面挫折的意识和坚强地承受挫折的能力，方能有效地激发孩子生命的能量，使他们的自信心、创造力在危急与困难时刻发挥到极致，增长孩子竞争取胜的才干和驾驭生活的能力，而父母也少了许多不必要的麻烦。

适度的挫折对孩子的健康成长是有益无害的，孩子面对挫折所表现出来的坚强和勇敢，正是他们日后走向成功的资本。因此父母们不妨放开你的手，让孩子自己去面对生活中的一些挫折。

培养孩子的挑战精神

自信心强的人勇于承担责任，不会因为事关重大而优柔寡断，不会想着逃避不好的结果而瞻前顾后，因而会保持一贯的果断作风。

有一只叫艾特尔的鸽子王，它是个自信心极强的鸽子，无论什么时候都能够承担鸽王的责任。

有一天，它领着二十几只鸽子去外面觅食。它们来到了一个村庄的上空，发现地上有许多雪白的大米粒。鸽王想：在这人迹罕至的村林里怎么会有这么多的大米呢？这里面一定有蹊跷。

它对同伴们说："大家不要贪吃这些大米，贪心是会上当的。"有一只鸽子不听鸽王的话，它说："永远不应该有疑心，疑心重的人常常吃亏。"听了它的话以后，其他的鸽子都和它一起飞到网下去啄食大米。

结果，除了鸽子王外，其他鸽子都落入了网中。等到大家发现自己已经无路可逃时，只好你看着我，我看着你，唉声叹气，甘心等死。

面对大家的不幸，鸽王并没有逃脱，也没有害怕，它相信自己能想到好办法帮助大家脱困。突然，它灵机一动，对大家说："团结起来就是力量，只要大家一致行动，就能对付任何强大的敌人。大家不要发愁，一齐往上飞，就能把这张网抬起来，带走。"

大家听了它的话，便一齐使劲儿，果然把网抬上了天空，跟着鸽子王飞走了。捕鸟人见此情景，只好站在地上干瞪眼。

它们把网抬到了很远很远的地方以后，一只鸽子说："我们怎么能从这张网里逃出去呢?

鸽子王说："别慌，我有一个老鼠朋友，名叫勃格，我带着大家去找它，它有尖利的牙可以咬断这网，那时大家就自由了。"鸽子们听从了鸽王的意见，抬着网飞到老鼠勃格住的地方。

老鼠一见除了鸽王外其他鸽子都陷在网里，心里很是难过，说："艾特尔鸽王，你这是怎么搞的?"

鸽子王简单地叙述了一下，老鼠咬断网绳，解救了众鸽子。

老鼠勃格说："常言道：'先顾自己是上策，留得青山在，不怕没柴烧。'你应该先飞走，然后再考虑救不救其他鸽子。"

鸽子王说："朋友啊，你应该知道，身体总有一天会毁灭的，可一个人的责任是永存的。我自己的生命是微不足道的，但我相信自己能救出我的伙伴。"

勃格听了朋友的话非常感动，赞道："你真是伟大的鸽子王!"

鸽子王谢过他的朋友，带领着伙伴们，飞上了蓝天。

鸽子王是称职的，它并没有自顾自地逃掉，而是自信地承担了解救大家的责任。这充分体现了自信承担责任的伟大。

要想让孩子成为一个遇事不退缩，能够自信地去承担责任的人，就要在平日里培养孩子的自信心，因为孩子的自信心很大一部分取决于日常习惯。

培养孩子自信心的方法，具体如下：

1.要重视过程而非结果

父母往往最关心的是自己孩子的学习成绩是否比别人强。其实，这个结果并不是最重要的。家长应该看重的是孩子在学习、做事的过程中是否获得了经验，是否能够承担责任，是否掌握了知识和技能。

2. 要设定合乎孩子能力的目标

孩子感受到的过大压力往往是来自于父母的过高期望。父母总是希望自己的孩子更好，这本无可厚非，但是这种美好的愿望一定要建立在孩子能力的范围之内。

每个孩子都会怀有一颗上进的心。为了不让孩子的压力过大，父母应和孩子一起建立一个每一阶段适合的目标。这个目标不能定得太高，超过了孩子能达到的限度，就容易使孩子产生挫败感，丧失信心。当然也不能把目标定得太低，孩子完成得轻而易举，就容易变得轻率和骄傲。

3. 要充分肯定孩子的成功

当孩子考试取得了好成绩，做了好事，或很好地完成了布置的任务时，父母要给予孩子一定的表扬和肯定。每一个人都希望能够得到他人的称赞和肯定，孩子也不例外。对孩子的表扬和肯定是孩子充满自信不断进步的力量源泉。

4. 让孩子迎接挑战

对困难的成功跨越，每一次对自己的肯定，都会增加一份自信。克服困难就是对自己的一次挑战。并不是只有面对惊涛骇浪，才有挑战的意味。对于孩子而言，日常生活中的小事也可以是挑战。比如说洗衣物、倒垃圾、下棋、打篮球……都是挑战。

5. 父母要以身作则

榜样的力量是无穷的，很难想象缺乏自信的家长能培养出自信心十足的子女。父母能够充满希望地看待未来，充满自信，孩子也会深受感染。父母在要求孩子的同时，一定要注意自己的修养，做好孩子的典范。

自信心对人一生的成长都是十分重要的，而人的自信心是从很小的时候就开始萌发的，当孩子使用各种方法来取悦大人、吸引大人的注意和赞美时，自信心就在发展了。'

孩子的胆识都是父母给的

在孩小的时候，父母很不希望孩子有"胆识"，因为那意味着孩子"野""调皮""不踏实""容易闯祸"。诚然，对于年龄较小的孩子来说，"有胆识"确实很容易给家长们带来麻烦，给孩子自身带来伤害。但我们也必须承认，随着孩子一天一天地长大，胆识对于他们来说，越来越重要，适当地给孩子些机会，让他们锻炼胆量、增长见识，在他们的成长历程中，至为重要。

在传统教育模式下，学习成绩好的孩子显得比"坏孩子"更加缺乏胆识。就"胆"而言，"坏孩子"往往具备较强的社会交往能力，因为相对于中学环境，大学更像是一个"小社会"。在这个社会环境中，个人人脉和交友圈子基本都要自己去开拓，认识新朋友，融入某些团体，都需要学生自己去做。"坏孩子"具有这种"天然"优势，因为他们本来过的就是这样的生活。

好孩子则多少有些不适应这种"小社会"，他们往往是"不敢"主动接触，有点不知所措。他们从小就被人"领"着去接触社会，从小就缺少一种"从零开始"的经验和胆量，在交往中表现为"怯"。同时，各种学生团体、爱好组织中，处处也都有"坏学生"的身影。

当然，好学生们也有着特长和兴趣爱好，他们也乐于参加一些社团，参与一些社团组织的活动。但是，我们会发现，一些个性张扬、彰显特色的兴趣社团更多地属于"坏学生"，尤其喜剧、音乐等需要表现个人能力的社团更是如此。令人更奇怪的就是，"坏学生"在这些团体中，往往是作为"领导者""组织者"或"意见领袖"出现，而好学生显然更加愿意服从社团的组织，不太愿意挑选角色和位置，通过自己的特长和努力为组织"添砖加瓦"。

就"识"而言，坏孩子的优势则更加明显。一般来说，坏孩子往往比好学生有更多的见识。因为坏学生一般不会满足于两点一线的生活方式。他们的生活一般会很丰富，朋友也会很多。所以，更多的经历使得他们比好学生能更多地接触社会，接触到方方面面的事情。单纯对于学习来说，"见识"并不能起什么直接的作用。无论你眼光多么独特，也不会比千年来、无数人总结的理论更正确。因此，要学习好这些理论，"见识"的作用并不大。

但是，在今天多元化教育的时代，一个学生的见识，更能体现他的综合素质。我们记得，在 20 世纪末 21 世纪初，"新概念作文大赛"在我国教育界启动以后，"新概念作文"成了语文教育的一大亮点。它强调让学生真实、真切、真诚、真挚地关注、感受、体察生活。而韩寒、郭敬明、张悦然等"新概念作文"培养出的作家中，许多人成绩并不好甚至也可以说是一种"坏学生"，但他们却在学习之外的其他领域获得了巨大成功。

具备胆识的孩子更容易走向成功之路。因为具备"胆识"，在需要力排众议的时候，不会瞻前顾后；在发现机遇的时候，不会犹豫不决；需要做出果断的处置时，不会畏首畏尾。

作家塞万提斯曾经说过："丧失财富的人损失很大，可是丧失勇气的人，便什么都完了。"对于一个人来讲，如果说，失去了机会就失去了很多，但是如果丧失了勇气那就失去了全部。

若想成就事业，胆识是必不可少的个人特质。在一定时候，胆识能起到决定性作用。凡是有成就的名人和伟人，无不胆识过人。

有胆识的人比别人更"快"地注意到机会的来临并把握它。机遇总是转瞬即逝，当机遇擦肩而过时，别人还来不及反应、来不及考虑清楚是否需要把握它，有胆识的人已经在瞬间做出了决定，也许别人还在观望，但此时的他们已经开始了自己的行动。

有胆识的人比别人更"准"地把握时机。他们的思想从来不会被过去的经验和条条框框所左右，他们有着敢为天下先的勇气。如此，他们就会更多地尝试他们那些大胆的想法，使得他们能获得更多的发展机会。机会多，成功率自然就高。

真正有胆识的人比别人更有"智"。有胆识的人绝不是一介莽夫，他们往往智勇双全。他们能在学习、工作、生活中发现更多的"路"，并且用自己的头脑判断这些新发现、新思路。

有胆识的人比别人更能"隐"。这个"隐"指"隐忍"，人总有失败的时候。面对失败，有的人输得起，有的人则一蹶不振。有胆识的人相信自己能赢，相信自己的能力。他们不服输、不认输，他们往往像一名坚强的战士，在生命的战场上总能"背水一战"、绝处逢生。无疑，以上这些心理素质使得有胆识的人更接近成功之路。

那么如何培养孩子的胆识？家长们可以参照以下几点：

1. 支持孩子大胆地去做事

父母教育孩子，对孩子未成熟期的保护应该随着孩子的发育成长减少，并随着孩子的成长加强对孩子单独生活、适应社会的能力的培养。

2. 鼓励孩子大胆地说话

一些孩子不喜欢说过多的话，对这种孩子，爸爸妈妈应尽量少讲"你一定要这样或那样做"之类的话，而应多讲"你看怎样办""你的想法是什么"这类的话，给孩子一个独立思考并发表自己意见的空间。

3. 鼓励孩子多与社会打交道

有些性格懦弱的孩子仅仅习惯于同自己熟识的人待在一起，与社会上的人打交道时就会产生一种潜意识的惧怕。因此，爸爸妈妈在孩子小时就要培养他们为人处世的能力。

参与进去，塑造孩子领导力

小孩逐渐长大的过程中，他们也有了自己的想法，就想按照自己的想法去做事情。不管他们做什么都有他们自己的理由，作为家长不要去阻止他们，要鼓励，最后再评价和指引。最好是能够让他们单独地完成，而不是什么都要依赖父母，做一个衣来伸手、饭来张口的小王子、小公主。这就需要家长们拿走自己的威严，给孩子们一些领导自己的机会，适时地给他们些小建议就可以了，不需要事事亲力亲为地为他们设计好。

孩子也有虚荣心，在很多时候，他们希望爸爸妈妈能够给他们足够的权力，让他们按照自己的意愿去做事情。孩子需要的并不是完全被爸爸妈妈控制，他们也需要自由，让自己的思想自由地发挥，这无疑是孩子内心向往的。孩子需要的并不是爸爸妈妈的思想，很多家长会害怕孩子在学习中出现错误，也害怕孩子在人生道路上走弯路，所以会完全按照自己的思想来安排孩子的生活，认为这样才是对孩子好，认为这样孩子才会有美好的未来，因为自己避免了孩子面对困境。其实不然，这样的结果只能够让孩子感觉自己得不到自由，活在父母的约束之下，这样怎么可能会得到真正的快乐呢？

孩子有孩子的生活和思想，不同年代对于一个人的思想也是有很多不同的要求的。时代在变化和发展，所以说家长的思想不一定适合当前孩子的愿望。对于家长们来讲，自己可能具有相当丰富的经验，但是要知道你所经历的事情不一定适合当下孩子生活的环境，所以说不要将自己的意志强加在孩子身上。孩子需要的是自由地发挥自己的思想，因此，家长们不妨让孩子拥有领导自己的力量，这对孩子的发展才是真正有利的。即便孩子在跟从自己思想的时候会犯错，甚至会出现挫折，对孩子的成长来讲也是十分有利的。毕竟，孩子的成长中必然要经历一定的挫折，只有经历了挫折孩子才算是成长了。

家长们不可能为孩子铺平一切的道路，既然是这样，那么我们不妨培养孩子的自我意识，也就是领导自己的能力。扼杀孩子的思想，遥控孩子，不如让孩子自己完善自己的思想，在按照孩子自己意愿发展的同时，家长们可以给予指导，但是千万不要完全取代孩子的思想，这样对孩子的成长并不是帮助，而是一种间接地摧残。

现在的学校教育也很注重孩子领导能力的锻炼，在一些学校里，为了加强学生的自理能力，学校会开设一些带有发挥型的课程，让学生自己来动手组织进行。在家可以让孩子组织一次家庭小聚会或者自己的生日宴会等都可以。下面我们来看看帅帅小朋友的生日宴吧。

帅帅是一个特别有主见的小男孩，也是集爸爸、妈妈、爷爷、奶奶宠爱于一身的幸福小宠儿。他每年的生日宴都是由他爸爸一手策划的，但是他7岁的生日是最特别的一个生日宴会。这次的生日宴完全由帅帅小朋友自己来组织，爸爸放手不管了。

　　帅帅有条不紊地将需要的东西，要邀请的小朋友的名单一一写在一张白纸上，拿去让爸爸看了看，并对爸爸说："爸爸，你帮我把邀请函写一下吧。我一会儿给他们送去，咱们两个一起写还快些。"父子俩一起写邀请函，不一会儿，就写完了。帅帅将写好的邀请函亲自送到小朋友家。

　　在回家的路上，他就想："是不是该有些小节目啊，这样才好玩，更有意思，大家也可以放松些，只是吃吃饭菜有点太无聊了。"于是他快步跑回家，走到书房问爸爸："爸爸，我是不是该准备几个小节目给小朋友看啊？"爸爸想了想道："不错，这是个很好的主意，小朋友既吃得饱，又可以玩得好，不错，我儿子真聪明！"然后帅帅自己去写节目单：第一个节目，自己唱《世上只有妈妈好》，感谢妈妈；第二个节目，远远小朋友的诗歌朗诵；第三个节目，是大家一起参与的一个小游戏；最后一起唱生日歌。

　　小朋友们都按时地来给帅帅过生日，爸爸拿来水果和糖果给他们吃，妈妈准备着饭菜。大约晚上7点钟，都到齐了，帅帅开始自己主持小晚会，节目一一进行。晚会上，小朋友们都积极参与游戏，大家都玩得不亦乐乎，休息片刻后，吃了生日蛋糕、一些饭菜后，将自己准备的小礼物送给帅帅。又待了会儿，大家就各自回家了，同时感谢帅帅的邀请。

　　这次宴会中，帅帅的爸爸一直在旁边静静地看着儿子准备的这场宴会，心里别提多高兴了，越来越觉得自己的儿子真是长大了，并跟儿子说："你真棒，爸爸以你为荣！"

　　这次的宴会帅帅不仅发挥了自己的领导作用，而且还得到了爸爸的认可和鼓励，同时还加深了与小朋友间的友谊，这对他以后的成长是非常有利的。帅帅的爸爸做得就很好，他完全放手让孩子自己去组织、去想办法，既是对他的一次考验，同时还是一种积累经验的过程。现在的小孩子缺的就是锻炼，想法他们多的是，甚至比大人的还要新鲜，也更适合他们所处的年龄段。家长的想法未必是孩子的想法，毕竟你们所生长的年代不同，从小生活的环境、接触的事物不同。家长要多站在孩子的角度想想，而不是一味地独断专行，既掠夺了孩子的领导力，更是打消了他们的积极性。他们也是要面子的呢！

孩子在组织领导时，家长需要做些什么呢？

1. 多多提供机会给孩子来实战。多找机会让他们自己去体验，这样得来的结果他们才能记得牢，而且自己亲身经历的才更真实。爸爸妈妈要给孩子机会，让孩子发挥自己的思想，这样孩子的思想才会更加活跃。

2. 积极配合孩子的安排。爸爸妈妈要尽量参与到孩子组织的活动中，这样才能更准确地掌握他们的心理发展特点。对于被安排的任务，如果不是特别的离谱，就要答应并且认真地去履行，这是对他们的一种支持。这个时候爸爸妈妈不妨当一次"小士兵"，让孩子好好地领导一下自己，按照孩子的安排去做事情，让孩子有一种成就感，这样更利于开发孩子的思想，完善孩子的自我意识。

3. 不要用过激的语言来评论。对孩子组织的活动要多多鼓励，要批评也要用婉转些的语言进行评论，切勿用带有讽刺的言语，多给他们留点面子。要知道人都是要面子的，孩子也不例外。即便孩子做错了，家长们也不要过多地去批评孩子，要和孩子好好分析，让孩子知道自己错在哪里，这样才能够让孩子感受到自己的进步。